otburga Astleitner, Max Egger, Gerhard Habringer, Barbara Pitzer,
ermann Pitzer, Elfriede Schmidinger, Sonja Vucsina

Mein Leseportfolio

zu den Bildungsstandards
DEUTSCH/LESEN

 **Lehrerteil:** Wie wird mit dem Leseportfolio im Unterricht gearbeitet?

Schülerteil: Das 1x1 der Leseportfolio-arbeit, Register und Arbeitsblätter

ab Klasse 7

Kopiervorlagen

D1724907

BRIGG Pädagogik

Inhaltsverzeichnis

Gedruckt auf umweltbewusst gefertigtem, chlorfrei gebleichtem und alterungsbeständigem Papier.

1. Auflage 2008
Nach den seit 2006 amtlich gültigen Regelungen der Rechtschreibung
© by Brigg Pädagogik Verlag GmbH, Augsburg
Alle Rechte vorbehalten.

Originalausgabe: Bildungsverlag Lemberger
A-1170 Wien www.lemberger.at

Grafiken: Klaus Pitter, Florian Frauendorfer

ISBN 978-3-87101-**404**-8 (Mappe komplett)
ISBN 978-3-87101-**426**-0 (Schülerteil, Einzelblock)

www.brigg-paedagogik.de

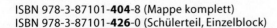

1. Was ist ein Leseportfolio?

> *Ein Leseportfolio ist eine zweck- und zielgerichtete Auswahl eigener Arbeiten einer Schülerin bzw. eines Schülers. Im Portfolio werden die individuellen Bemühungen, Fortschritte und Leistungen im Bereich des Lesens dokumentiert und reflektiert.*

Das Leseportfolio gehört der Schülerin oder dem Schüler. Die Schüler(innen) treffen daher alle Entscheidungen im Zusammenhang mit ihrem Portfolio selbst. Sie sollen ihr Leseportfolio so gestalten, dass ihre Individualität als Leser(innen) zum Ausdruck kommt. Sie werden dabei im Unterricht von ihrer Lehrerin bzw. ihrem Lehrer unterstützt und beraten (siehe vor allem auch Kapitel 6).

Funktionen des Portfolios

In der schulischen Praxis haben sich unterschiedliche Zwecke für Portfolios entwickelt:

▷ *Didaktischer Lernbegleiter* während der gesamten Sekundarstufe I beim Erwerb der Lesekompetenz und bei den in diesem Zusammenhang erworbenen Lernkompetenzen[1], die das Lernen auch in allen anderen Gegenständen unterstützen bzw. verbessern (didaktisches bzw. Lehr-Lern-Instrument)

▷ Grundlage für die Erstellung individueller *Fördermaßnahmen* (Diagnoseinstrument)

▷ Sichtbarmachen der *Lernfortschritte* (Entwicklungsinstrument)

▷ *Grundlage für die Beurteilung* der Leseleistungen des Kindes im Rahmen der „Beobachtung der Mitarbeit" (Leistungsfeststellungsinstrument)

▷ Unterstützung der Umsetzung des *Unterrichtsprinzips Leseerziehung* in der Sekundarstufe I (Lehr-Lern- und Unterrichtsentwicklungsinstrument)

Das Leseportfolio kann, wenn die Lehrperson es will, alle oben angeführten Zwecke erfüllen. Es kann aber auch auf weniger Funktionen beschränkt werden. Wozu das Portfolio dienen soll, entscheidet die Lehrperson mit ihren Schüler(inne)n.

Jedenfalls unterstützt das Leseportfolio den Leselernprozess *aller* Schüler(innen), sodass bessere Leseleistungen auch (und besonders notwendig) bei den *schwächeren* Leser(inne)n zu erwarten sind. Die für das Portfolio laufend geforderten schriftlichen Selbstreflexionen des eigenen (Lesen)Lernens bieten dieser Schülergruppe ein intensives integriertes Üben spezifischer Lese- und Schreibkompetenzen, die ihnen sonst im Unterricht kaum „zugemutet" werden, jedoch z. B. mit den Testaufgaben zum Reflektieren und Bewerten in PISA abgetestet werden (vgl. Thorsten Bohl 2004).

---

[1] *Lernkompetenz bezeichnet die individuelle Verhaltensdisposition, erfolgreich zu lernen und das Gelernte beim weiteren Lernen selbst organisiert anzuwenden. Sie umfasst die Kenntnisse, Fähigkeiten, Fertigkeiten, Gewohnheiten und Einstellungen, die für individuelle und kooperative Lernprozesse benötigt und zugleich beim Lernen entwickelt und optimiert werden (vgl. A. Czerwanski, C. Solzbacher, W. Vollstädt, 2002).*

 # 2. Die Bildungsstandards als Ziele des Leseportfolios

Bildungsstandards sind normative Vorgaben, die einerseits den Verantwortlichen eine bessere Steuerung des Bildungssystems ermöglichen, andererseits den Lehrer(innen)n die Kernziele für ihre pädagogische Arbeit verdeutlichen sollen.

Sie werden in vier Bereiche aufgeteilt:

a. Sprechen

b. Lesen/Umgang mit Texten und Medien

c. Schreiben

d. Sprachbewusstsein

Dem Leseportfolio liegen folgende Kernziele aus dem Bereich „Lesen/Umgang mit Texten und Medien" zugrunde:

Verschiedene Lesetechniken beherrschen

▶ über grundlegende Lesefertigkeiten verfügen (flüssig, sinnbezogen ... lesen)

Strategien zum Leseverstehen kennen und anwenden

▶ Leseerwartungen und -erfahrungen bewusst nutzen

▶ Wortbedeutungen klären

▶ Textschemata erfassen (Textsorten, Textaufbau ...)

▶ zentrale Aussagen von Texten und Textabschnitten finden

Literarische Texte verstehen und nutzen

▶ literarische Gattungen/Texte unterscheiden

▶ zentrale Inhalte erschließen

▶ wesentliche Elemente erkennen

▶ sprachliche Gestaltungsmittel erkennen

Sach- und Gebrauchstexte verstehen und nutzen

▶ Textfunktionen und -sorten unterscheiden

▶ längere und komplexere Texte verstehen und erfassen

▶ Informationen zielgerichtet entnehmen, ordnen und vergleichen

▶ nichtlineare Texte auswerten

▶ Intentionen erkennen

Medien verstehen und nutzen

▶ Textfunktion erkennen (Information, Unterhaltung ...)

▶ Intentionen und Wirkungen erkennen und bewerten

▶ wesentliche Darstellungsmittel kennen und deren Wirkung einschätzen

▶ begründete Wertungen zu Texten aus unterschiedlichen Medien abgeben

▶ Informationsmöglichkeiten nutzen

▶ Bücher und Medien eigenständig nutzen, auswählen und recherchieren

Da das Portfoliokonzept langfristig angelegt ist, löst es sich vom engen kurzfristigen Denken in kleinen Unterrichtssequenzen und –einheiten. Die Leseportfolios zeigen den Lehrer(inne)n und Schüler(inne)n während der gesamten Sekundarstufenzeit auf, welche Ziele, welche Bildungs-standards in dieser Zeit erreicht werden sollen. Die Leseportfolios können damit die Einführung der Bildungsstandards wesentlich unterstützen.

 # 3. Die Portfolioarbeit

Bei der Arbeit mit dem Portfolio ergeben sich für die Schüler(innen) und Lehrer(innen) folgende unterschiedliche Handlungsbereiche:

Abb. 1: Handlungsbereiche bei der Portfolioarbeit (auch als Kopiervorlage für die Elternarbeit im Anhang)

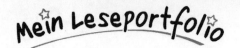

Klärung des Unterrichtskontexts

Schüler(innen) müssen von Anfang an Klarheit darüber haben, unter welchen Bedingungen sie an ihren Portfolios arbeiten können. Daher sollen bereits bei der Einführung der Leseportfolios grundsätzliche Klärungen durch die Lehrperson herbeigeführt und entsprechende Vereinbarungen mit den Schüler(inne)n getroffen werden (siehe auch Kapitel 6, S. 15 f.). Vorschläge für Vereinbarungen können sein:

▶ Was bedeutet es, dass der Schüler/die Schülerin das Portfolio besitzt? Wer kann unter welchen Bedingungen Einsicht in ein Leseportfolio nehmen?

▶ Welchem Zweck soll das Portfolio dienen und welche Konsequenzen hat dies?

▶ Zu welchen Zielen sollen Lernergebnisse und –beweise gesammelt und ins Portfolio aufgenommen werden?

▶ Welche und wie viele Lernprodukte bzw. –beweise sollen die Schüler(innen) mindestens in ihr Portfolio aufnehmen, damit es den vereinbarten Zweck erfüllt?

▶ Zu welchen Zeiten kann im Unterricht mit dem Portfolio gearbeitet werden?

▶ Wann muss das Portfolio eventuell abgegeben werden?

▶ Wie wird das Portfolio insgesamt bewertet, wenn eine Gesamtbewertung von der Lehrperson vorgesehen ist (siehe auch Kapitel 13, S. 27)?

Sammlung der Lernbeweise

Als Lernbeweise können alle Arbeiten oder Dokumente gesammelt werden, die entstanden sind

▶ im Leseunterricht,

▶ in *allen anderen Unterrichtsgegenständen* bei Lesearbeiten, die Bezug zu den vereinbarten Lese-Bildungsstandards haben,

▶ außerschulisch wie Eintrittskarte zu einer Autorenlesung, Leihbuch der öffentlichen Bibliothek, Tonbandaufnahme einer Gedichtrezitation bei einer Familienfeier.

Lernbeweise werden oft schriftliche „Reaktionen" auf Gelesenes oder Gehörtes sein. Es können aber auch alle anderen Medien als Beweise verwendet werden wie Ton- und Videoaufnahmen, Bilder, Fotos, Programmhefte und Eintrittskarten.

Gesammelt wird in allen im Unterricht dafür vorgesehenen Heften und Mappen. Die Dauer der Sammelphase wird in der Regel vereinbart und umfasst zumindest den gesamten Unterrichtsblock, der für diese Ziele vorgesehen ist. Prinzipiell erstreckt sie sich aber über das ganze Schuljahr, da die Schüler(innen) das „Recht" haben sollen, die im Portfolio aufgenommenen Produkte jederzeit durch verbesserte Lernergebnisse zu ersetzen (siehe auch Kapitel 6, S. 15 f.). Zu Beginn der Sammelphase werden auch die Ziele, zu denen in dieser Zeit gearbeitet wird, mit den Schüler(inne)n besprochen. Dies ist auch der Zeitpunkt für die gemeinsame Festlegung der „vereinbarten" Ziele und für die Anregung, dass sich die Schüler(innen) eventuell „persönliche" Ziele wählen.

> *Da viele Lernnachweise – wie oben erwähnt - schriftliche Arbeiten der Schüler(innen) sind, bietet es sich an, auch Ziele zum Lehrplanbereich „Texte verfassen" und/oder aus allen anderen Teilen des Deutschunterrichts mit den Schüler(inne)n zusätzlich zu vereinbaren. So kann das Leseportfolio ein Ausgangspunkt zum „Deutschportfolio" werden.*

Astleitner u. a.: Mein Leseportfolio ab Klasse 7
© Brigg Pädagogik Verlag GmbH, Augsburg

Auswahl der Lernbeweise

Zumindest zu den vereinbarten Zeitpunkten wählen die Schüler(innen) nach den vereinbarten Kriterien die Arbeiten aus, die nun ins Portfolio aufgenommen werden. Entsprechend dem Portfoliozweck werden nur die besten Arbeiten ausgewählt oder zusätzlich auch Arbeiten, die die Lernentwicklung und damit auch den –fortschritt dokumentieren. Wichtig ist, dass man sich auf *wenige* Produkte beschränkt, um einerseits einen besseren Überblick zu erhalten, andererseits eine bewusste Reflexion anzuregen (siehe auch Kapitel 6, S. 15 f.).

Reflexion

Alle von den Schüler(inne)n für das Portfolio *ausgewählten Arbeiten* sollen mit einer schriftlichen Selbstreflexion des eigenen Lernens ergänzt werden. Zur Unterstützung dieser anspruchsvollen Arbeit enthält das Leseportfolio

▶ strukturierte Selbstreflexionsbögen, die diesen Prozess anleiten sollen (siehe auch Kapitel 5, S. 12 f. und Kapitel 8, S. 20) und

▶ einen frei zu schreibenden Bereich („Was mir wichtig ist:"), in dem die Schüler(innen) auch auf zusätzliche Vereinbarungen mit der Lehrperson für die Auswahl Bezug nehmen können.

Je geübter die Schüler(innen) in der Portfolioarbeit sind, desto mehr können sie zu ausschließlich frei formulierten Reflexionen angeregt werden. Eine weitere Hilfestellung bieten die Lehrerrückmeldungen in den Portfoliogesprächen (siehe auch Kapitel 5, 9 und 10).

> *Die Reflexionen zu jedem Leseprodukt unterscheiden das Portfolio grundsätzlich von allen anderen Mappen mit Schülerarbeiten.*

Vorschau

Die Selbstreflexion des eigenen Lernprozesses und –produkts ist auch die Grundlage für die Planung des weiteren Lernens: Welche Lernstrategien haben sich bewährt und sollen in Zukunft beibehalten oder ausgebaut werden? Welche Fehler sollten bei nächsten Arbeiten vermieden werden? Sie sind ebenfalls Inhalt der Portfoliogespräche (siehe auch Kapitel 10, S. 22 f.).

Die Handlungsbereiche *„Präsentation"* und *„Portfoliogespräch"* sind laufend in den Unterricht zu integrieren. Sie werden in eigenen Kapiteln (Kapitel 10, S. 22 f. und Kapitel 11, S. 24) beschrieben.

 # 4. Welcher Unterricht passt zu Portfolios?

Mit den Leseportfolios werden die beschriebenen positiven Effekte nur dann erzielt werden können, wenn der Unterricht entsprechend gestaltet wird.

 ### 4.1 Ein Beispiel aus der Praxis: Elisabeth Borchers „November" – eine Unterrichtseinheit von Sonja Vucsina

1965 sind die Monatsgedichte von Elisabeth Borchers erschienen (Und oben schwimmt die Sonne davon. München: Ellermann) und haben Eingang in viele Lesebücher und Gedichtanthologien gefunden [Hans Joachim Gelberg (Hrsg.): Großer Ozean. Weinheim: Beltz & Gelberg 2000]. Jedem Monat ist ein Gedicht gewidmet - mit immer der gleichen Anfangszeile: „Es kommt eine Zeit" ...

> **November**
>
> Es kommt eine Zeit,
> da lassen die Bäume
> ihre Blätter fallen.
> Die Häuser rücken
> enger zusammen.
> Aus dem Schornstein
> kommt ein Rauch.
>
> Es kommt eine Zeit,
> da werden die Tage klein
> und die Nächte groß,
> und jeder Abend
> hat einen schönen Namen.
>
> Einer heißt Hänsel und Gretel.
> Einer heißt Schneewittchen.
> Einer heißt Rumpelstilzchen.
> Einer heißt Katerlieschen.
> Einer heißt Hans im Glück.
> Einer heißt Sterntaler.
>
> Auf der Fensterbank
> im Dunkeln,
> dass ihn keiner sieht,
> sitzt ein kleiner Stern
> und hört zu.
>
> **(Elisabeth Borchers)**

Dieses Unterrichtsbeispiel, dessen Ablauf hier skizziert wird, zeigt gut, wie die Arbeit mit dem Portfolio aus dem Unterricht erwachsen kann. Trotz des gemeinsamen Beginns entstehen am Ende sehr *unterschiedliche individuelle Arbeiten*, ein wichtiges Kriterium für qualitätsvolle Portfolioarbeit!

1. Gedicht vorlesen: Zur Differenzierung und Intensivierung der Wahrnehmung der Schüler(innen) liest der Lehrer/ die Lehrerin das Gedicht mehrmals vor. Währenddessen zeichnen, malen die Kinder ihre Wahrnehmungen, Gefühle zum Text und notieren sich dazu Wörter aus dem Gedicht, die ihnen besonders schön, bedeutsam oder sonst wie wichtig sind (ganzheitliches und fächerübergreifendes Lernen).

2. Bilder und Notizen gemeinsam vergleichen: Was fällt uns auf? Wie hat jeder/jede das Bild gestaltet – ganz gleich wie den Text? Anders? Warum? … Gemeinsamkeiten und Unterschiede. Bei dieser gemeinsamen Besprechung setzen sich die Kinder bereits sehr intensiv mit dem Bau des Gedichts (gleiche Satzanfänge, vier Strophen unterschiedlicher Länge, Aufzählungen, kein Reim …) und den vorhandenen Sprachbildern (Häuser rücken zusammen, Stern auf der Fensterbank …) auseinander.

3. Gemeinsam vereinbarte Ziele festlegen: Nach der Besprechung und Präsentation der einzelnen Arbeiten legen wir gemeinsam die Ziele für die weitere Arbeit fest: Was wollen wir erreichen? Welche Möglichkeiten der Weiterarbeit gibt es? Wir einigen uns auf vier Ziele, die in den Selbstreflexionsbogen (Vorderseite) eingetragen werden sollen:

   ▶ Bauplan eines Gedichts entdecken und als Anregung für das Nachbauen nutzen

   ▶ Bildsprache eines Gedichts erkennen und verstehen

   ▶ Inhalt des Gedichts nach eigenen Vorstellungen zeichnen und wichtige Wörter notieren

   ▶ ein ähnliches Gedicht verfassen und den anderen vorstellen

   Wir überlegen gemeinsam, auf welchen Selbstreflexionsbogen diese Ziele passen. Wir stellen fest, dass das erste Ziel hilft, Texte, in diesem Fall das Gedicht „November", von anderen Textarten zu unterscheiden, also auf den Selbstreflexionsbogen 2, Texte unterscheiden, passt. Wir vereinbaren, dass auch das vierte Ziel dort eingetragen wird, obwohl es eigentlich zum „Texte verfassen" gezählt werden kann, beweist es auch, dass der Bauplan des Gedichts entdeckt worden ist. Das zweite und dritte Ziel zielt auf das bessere Verstehen des Gedichts ab, gehört also auf den Selbstreflexionsbogen 3, Texte verstehen. Wir vereinbaren, dass die Kinder selbst entscheiden können, zu welchem Ziel oder welchen Zielen sie eine ihrer Arbeiten für das Portfolio auswählen. Sie werden auch noch angeregt, persönliche Ziele zu notieren, die vielleicht bei der Arbeit noch entstehen (Zielorientierung).

4. Gemeinsam wird auch der *Arbeitsauftrag für die nächste Stunde* festgelegt: Das Gedicht vom Textzettel auf passende Materialien schreiben und allein, in Partner- oder Gruppenarbeit vorbereitet präsentieren, vortragen … (Schülerorientierung).

Astleitner u. a.: Mein Leseportfolio ab Klasse 7
© Brigg Pädagogik Verlag GmbH, Augsburg

Die von den Kindern gefundene Vielfalt der Gestaltungsmöglichkeiten, das Gedicht zu schreiben, war überwältigend: Das Gedicht war auf Seidenpapier geschrieben worden, auf gepresste Blätter, auf Rinden- und Holzstücke, auf eine alte Kinderweste, vergilbte Zeitungsblätter, auf ein Foto der Großmutter, da sie es immer war, die am Abend Märchen erzählt hatte ... Zur Präsentation brachten die Kinder Tee und Kekse, Duftlampen und Musik mit und lasen den Text vor; eine Gruppe hatte am Overheadprojektor ein Schattenspiel gestaltet, eine andere eine Fortsetzungsgeschichte vom Stern geschrieben. Eine Gruppe hatte den Text verfilmt.

5. *Sammeln von „Novemberwörtern" für einen analogen Text* entweder als Mindmap oder, was noch viel besser ist, bei einem Spaziergang durch den Ort, rund um die Schule an einem nebeligen Novembervormittag (freie Arbeit).

6. Verfassen eines *analogen Textes* gehört zum Kompetenzbereich *„Texte verfassen"*, wird aber in die vereinbarten Ziele aufgenommen, da ich die Bereiche entsprechend des integrativen Deutschunterrichts nicht trennen möchte. Als Hilfe dienen Novemberwörter, Bauplan, Sprachbilder ... (freie Arbeit).

7. *Individuelles Arbeiten* (innere Differenzierung): Kinder, die kein Novembergedicht schreiben wollen, eine andere Idee zur Weiterarbeit haben, sich bereits mehr zumuten, es auch in ihren persönlichen Zielen vermerkt haben, arbeiten ganz individuell:

▸ andere Monate in einem Gedicht beschreiben und mit Elisabeth Borchers vergleichen

▸ ein Gedicht aus Büchern suchen und nach den besprochenen Kriterien bearbeiten, umschreiben, illustrieren ...

▸ Märchen zum „Novembergedicht" lesen (Katerlieschen war nicht bekannt) und für eine Präsentation vorbereiten

▸ freie Texte mit eigenen Gedanken zum Novembergedicht schreiben

▸ passende Zeitungsartikel (November – Wetter, Vorsorge ...) sammeln und daraus eine Collage gestalten

▸ Arbeit zum Thema: Was machen Tiere im Winter? Aus dem Themenbereich Biologie ...

▸ etc.

8. *Drei Schülerbeispiele* mit Auszügen aus ihren freien Selbstreflexionen:

*Es kommt eine Zeit,
da werden die Straßen rau
und die Dächer weiß.
In den Stuben wird es warm.*

*Es kommt eine Zeit,
wo es draußen
dunkel ist und
in den Häusern hell.*

*Und jeder Abend
hat einen Namen:
Einer heißt Allerheiligen.
Einer heißt Allerseelen.
Einer heißt 1. Advent.
Einer heißt Schnee.*

*Auf dem weißen Gras
sitzt ganz allein
ein Engel
und hört zu.*

Ich bin ganz stolz auf meinen Text, weil ich die Idee mit den Namen der Abende so gut finde (die anderen und die Lehrerin auch!). Der Engel gefällt mir auch, wie er da so sitzt im Gras. Ich sehe ihn direkt vor mir und hab ihn auch gezeichnet. Blau, weil es ihm kalt ist.

(Sonja)

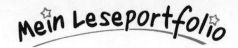

Es kommt eine Zeit, da ist der Winter nicht mehr weit weg. Der Wind weht die Blätter vom Baum und die Zugvögel fliegen fort.

Es kommt eine Zeit, da ist es draußen kalt und in den Häusern warm und jeder Tag verliert etwas:

Einer verliert die bunten Blätter, einer die blühenden Blumen, einer die warmen Sonnenstrahlen, einer die grünen Wiesen.

Jeden Abend breitet der Nebel seinen dichten Mantel über das Land.

Am Beginn wollte ich immer reimen – so: Es kommt eine Zeit – der Winter ist nicht mehr weit. Aber irgendwie passt das nicht. Ganz gut finde ich, dass ich zwei Bilder eingebaut habe: die Tage verlieren was und der Nebel breitet seinen Mantel aus. Darum ist das Gedicht in meiner Mappe.

(Manuel)

Es kommt eine Zeit, auf die ich mich freu. Es wird draußen kalt und stürmisch. Die Bäume sind kahl. Jetzt wird es auf der Ofenbank gemütlich. Es kommt eine Zeit, da werden die Tage kürzer und die Nächte länger.

Bald ist Weihnachten und es riecht nach Winter. Es kommt eine Zeit, wo wir am Abend heißen Tee trinken. Und Lebkuchen genießen. Es kommt eine Zeit, da sitzen die Kinder mit ihren Eltern in den warmen Stuben und ganz leise fallen Schneeflocken.

Ich werde das Gedicht umschreiben. Ich habe beim Schreiben nicht an den Bauplan gedacht und irgendwie klingt das Gedicht so normal. Langweilig. Ich hab während der Stunde nicht aufgepasst. Aber der letzte Teil, den lasse ich auch für das neue Gedicht, der gefällt mir. Schneeflocken kommen immer ganz leise.

(Ines)

▶▶ 4.2 Merkmale eines Portfoliounterrichts

Wie das Beispiel zeigt, fügt sich Portfolioarbeit in einen *schülerorientierten Unterricht*, in dem die Schüler(innen) stärkenorientiert (und nicht defizitorientiert) in einem hohen Ausmaß selbstständig und selbstverantwortlich lernen dürfen und können. Dies kann auch die Auswahl der Lesetexte beinhalten, die prinzipiell auch aus dem Unterricht anderer Unterrichtsgegenstände stammen können oder aus dem privaten Bereich. Dabei werden ihnen *individuelle* Lernwege ermöglicht, die auch zu individuellen Lernergebnissen und –produkten zu verbindlich vereinbarten gemeinsamen, aber auch zu zusätzlichen persönlichen Lernzielen führen.

Durch Portfolios wird gewährleistet, dass möglichst alle Schüler(innen) im Sinne des *zielerreichenden Lernens* die wesentlichen Unterrichtsziele erreichen, weil sie individuell - auf ihren Stärken aufbauend - lernen dürfen. Zu diesem Zweck können sie, wenn nötig, auch über die dem jeweiligen Thema bzw. Ziel gewidmete Unterrichtszeit hinaus entweder zu Hause, aber auch in der Schule an der Verbesserung oder Weiterentwicklung ihrer Portfolioprodukte arbeiten.

In allen Themenbereichen werden anspruchsvolle höhere Ziele in allen Dimensionen (kognitive, emotionale, pragmatische) angestrebt, die jedoch ihre Erreichung auf unterschiedlichem Niveau zulassen. Durch *ganzheitliches, vernetztes, fächerübergreifendes bzw. –verbindendes Lernen* werden komplexe Einsichten, z. B. in Leseprojekten bzw. im projektorientierten Unterricht, ermöglicht.

Die Unterrichtsorganisation sieht *regelmäßige Phasen freier Arbeit* der Schüler(innen) vor, in denen das selbstständige Lernen und die Arbeit am Portfolio stattfinden. Gebundene lehrergeführte Unterrichtsphasen werden in dem Ausmaß gestaltet, das zur Unterstützung des selbstständigen Lernens der Schüler(innen) notwendig ist.

In diesen offenen Phasen führen die Schüler(innen) auch die *Portfoliogespräche* mit ihrer Lehrperson und ausgewählten Freund(inn)en (peers) zur Reflexion ihrer Lernarbeit (siehe auch Kapitel 10, S. 22 f.). Die regelmäßige Reflexion der eigenen Lernprozesse und die Selbstbewertung der Lernergebnisse in- und außerhalb der Portfoliogespräche helfen den Schüler(inne)n, ihre Lern- und Reflexionskompetenzen zu entwickeln, die ihr selbstständiges Lernen zunehmend auf ein höheres Niveau bringen (siehe Kapitel 8, S. 20).

Den Schüler(inne)n stehen entsprechende Lernmittel zur Verfügung. Sie werden aber auch angeregt, *außerschulische Lernorte* und *–mittel*, wie nichtschulische Bibliotheken, Internetdokumente, Buchausstellungen, Autorenlesungen individuell zu nutzen und auch diese Erfahrungen für die Auswahl in ihren Portfolios zu dokumentieren.

Diese Form von Unterricht wird ganz besonders den Bedingungen heterogen zusammengesetzter Klassen gerecht.

> *Der Unterricht, in den eine wirksame Portfolioarbeit integriert werden kann, ist demnach sehr anspruchsvoll: Er stellt neben vielfältigen didaktischen Kompetenzen auch besondere Handlungsanforderungen an die Kommunikationsfähigkeit der Lehrer(innen) und Schüler(innen) wie Zielvereinbarungen mit den Schüler(inne)n schließen, Feedback nehmen und geben, bewusster Umgang mit Selbst- und Fremdbild, das eigene Handeln reflektieren und darüber zu kommunizieren. Der Erwerb dieser Kompetenzen wird durch viele Fortbildungsangebote unterstützt.*

▶▶ 4.3 Wie kann ein solcher Unterricht geplant werden?

Aus den praktischen Erfahrungen können dazu einige Hinweise gegeben werden:

▶ Erste Vorentscheidungen, zu welchen Themenbereichen wann alle Schüler(innen) Arbeiten für ihr Portfolio erstellen, sollen bereits bei der *Jahresplanung* überlegt werden. Diese Jahresplanung erhält ihre endgültige Gestalt erst, nachdem sie den Schüler(inne)n am Schuljahresbeginn vorgestellt worden ist und die Schüler(innen) Gelegenheit hatten, ihre Wünsche, Interessen und Bedürfnisse in die Planung einzubringen. Um nicht sich selbst als Lehrperson, aber auch nicht die Schüler(innen) zu überfordern, sollten nur zu den wesentlichen Kernzielen Schülerarbeiten für das Portfolio verlangt werden.

▶ Anstelle einzelner Stundenplanungen empfehlen sich *mittelfristige Planungen* für einige Wochen auf der Grundlage der groben Jahresplanung. Die Dauer einer mittelfristigen Planung ergibt sich auf Grund der Inhalte. Die mittelfristige Planung sollte nur *einen* (vollständigen) Ziel-/Themenkomplex umfassen. Da die selbstständige Schülerarbeit mehr Zeit benötigt, kann der Zeitbedarf besser im Rahmen mittelfristiger Planungen als im Zusammenhang von Einzelstundenplanungen abgeschätzt werden.

Die verbindlich von allen Schüler(inne)n zu erreichenden Ziele sollten als *Grobziele*, also auf einem mittleren Abstraktionsniveau, beschrieben werden. Dies ermöglicht den Schüler(inne)n im Rahmen dieser Ziele - ihre Stärken nutzend - unterschiedliche Lernwege zu gehen und auch unterschiedliche Lernprodukte für ihr Portfolio zu erarbeiten. Das heißt, dass die Differenzierung von der Lehrperson nicht vollständig bereits in der Planung festgelegt wird, sondern mit entsprechender Lehrerberatung von den Schüler(inne)n selbst entschieden wird. Diese Ziele können als „vereinbarte Ziele" in die Selbstreflexions- und Rückmeldebögen des Leseportfolios eingetragen werden (siehe Kapitel 5, S. 12 ff.).

Für die selbstständige Arbeit der Schüler(innen) ist es notwendig, am Beginn einer solchen mittelfristigen Einheit *Zeit einzuplanen*, in der mit den Schüler(inne)n die Ziele, eine grobe Zeitstruktur und die Kriterien für die Selbst-reflexion bzw. -bewertung der Portfolioarbeiten besprochen bzw. mit ihnen erarbeitet werden. Dabei können die Ziele den Bedürfnissen der Schüler(innen) konkreter angepasst und die Schüler(innen) zu persönlichen Zielsetzungen angeregt werden. Die persönlichen Ziele sollen von den Schüler(inne)n auf den entsprechenden Selbstreflexionsbögen festgehalten werden.

Spätesten in diesen Einheiten soll auch besprochen werden, ob Lernprodukte bzw. wie viele Lernprodukte aus dieser mittelfristigen Einheit in das Portfolio aufgenommen werden sollen. Diese verschriftlichten Vereinbarungen sollen die Schüler(innen) ebenfalls in ihr Portfolio aufnehmen (siehe Kapitel 3, 5 und 6).

Weiters sollen in dieser Planung wie gewohnt die gebundenen Unterrichtsphasen strukturiert sowie die freien Arbeitsphasen für die selbständige Arbeit der Schüler(innen) und für die Portfoliogespräche festgelegt werden. Die notwendigen Lernmittel müssen ebenfalls im Rahmen dieses Planungsschrittes fixiert werden.

> *Sollte die Portfolioarbeit vor allem fächerübergreifend geplant werden, wird der Unterricht durch eine schulautonom beschlossene „Portfoliostunde" erleichtert, in der alle Handlungsbereiche der Portfolioarbeit von den Schüler(inne)n geleistet werden können und die Betreuung nicht nur von der Deutschlehrperson erfolgen muss.*

5. Was beinhaltet das Leseportfolio?

5.1 Persönlich gestaltetes Deckblatt

Die Titelseite (das Deckblatt) des Leseportfolios wird von jedem Kind individuell gestaltet. Es soll auf den ersten Blick erkennbar sein, wem das Produkt gehört. Es ist sozusagen die „Lese-Visitenkarte" des Kindes, die es gerne herzeigt und auf die es stolz ist. Durch diese persönliche Gestaltung soll die Identifikation des Kindes mit seinem Portfolio ausgedrückt werden. Die Gestaltung kann auch in einem anderen Unterrichtsfach erfolgen (siehe auch Kapitel 6, S. 15 f.).

5.2 Registerblätter

Alle Registerblätter enthalten auf ihrer Vorderseite einen Auftrag an die Schüler(innen), welche Arbeiten zu dem jeweiligen Register einzuordnen sind. Die Rückseite ist als Inhaltsverzeichnis für die eingeordneten Arbeiten gestaltet, das von den Schüler(inne)n geführt werden soll.

5.2.1 Das bin ich

Dieser Bereich ist für verschiedene Arbeiten vorgesehen, die Reflexionen zur eigenen Leserpersönlichkeit, zu den eigenen Lesegewohnheiten und -motivationen sowie zum Gesamtinhalt des Portfolios beinhalten. Das Registerblatt enthält dazu drei Aufträge:

▶ **Lesebiografie**
  Das Kind soll sich jährlich in einem Text, in einer Collage oder in einer anderen kreativen Form als Leser selbst

vorstellen. Es beschreibt darin seine Lesevorhaben, -schwerpunkte, -vorlieben etc. Diese Texte dokumentieren sowohl die Entwicklung der Lesekompetenz als auch die Entwicklung der Leserpersönlichkeit (siehe Kapitel 6).

▶ **Brief an die Leser(innen)**

Am Ende des jeweiligen Zeitraumes, in dem das Portfolio zu führen ist (z. B. Halbjahr, Jahr, Projektzeitraum), schreiben die Schüler(innen) einen Brief an den Portfolioleser bzw. die Portfolioleserin mit ihren Überlegungen zum Portfolioinhalt: Zweck, Ziele, Auswahl der Leseprodukte, Arbeitsweise, getroffene Vereinbarungen, Lern-zuwachs, erreichte Lernziele, Stärken/Schwächen ... (siehe auch Kapitel 14, S. 27 f.). In diesem Brief beschreibt das Kind aber nur das, was erforderlich ist, damit der Betrachter bzw. die Betrachterin den Portfolioinhalt im Sinne der Besitzerin bzw. des Besitzers verstehen kann. Dabei reflektiert es zusammenfassend noch einmal seine Leseentwicklung.

▶ **Selbstreflexion der eigenen „Lesemotivation und -gewohnheiten"**

Die Erreichung der Bildungsstandards wird auch davon abhängig sein, wie weit es gelingt, individuelle Lese-gewohnheiten zu hinterfragen und zu verändern sowie die Lesemotivation zu entwickeln, zu fördern und zu reflektieren. Die Autorengruppe formulierte daher auch für diesen Bereich Reflexionskriterien für den hier angebotenen Selbstreflexionsbogen 1 „Lesemotivation und Lesegewohnheiten" (Schülerteil S. 15), zu dem die Schüler(innen) entsprechende Dokumente einordnen sollen.

In diesem Teil können auch die mit den Lehrer(inne)n vereinbarten Ziele für das Halbjahr oder Jahr bzw. für den Projektzeitraum sowie die Vereinbarungen hinsichtlich der Mindestzahl der Leseprodukte und der Aus-wahlkriterien sowie eventuelle Zusatzvereinbarungen eingeordnet werden (siehe auch Kapitel 3, S. 5 f.).

5.2.2 Registerblätter zu allen Bildungsstandards

Für die Bildungsstandards zum Bereich „Lesen/Umgang mit Texten und Medien" sind vier Registerblätter mit für die Schüler(innen) verständlichen Kurztiteln vorgesehen:

▶ Texte unterscheiden

▶ Texte verstehen

▶ Medien nutzen

▶ Über Texte nachdenken

Zum jeweiligen Standard enthält das Registerblatt neben der allgemeinen Arbeitsanweisung eine schülergerechte Beschreibung der Arbeiten, die zu diesem Standard einzuordnen sind.

5.2.3 Schwerpunktprofil

Hier finden Sie eine Kopiervorlage des Formblatts für das Schwerpunktprofil (siehe auch im Anhang). Die Arbeit mit diesem Profil wird im Kapitel 12, S. 25 f. beschrieben.

5.2.4 Leseliste

Hier findet sich eine Kopiervorlage einer Leseliste, die die Schüler(innen) führen können.

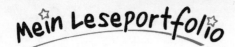
▶▶ 5.3 Selbstreflexions- und Rückmeldebögen

Die Selbstreflexions- und Rückmeldebögen ermöglichen Einschätzungen, in welchem Ausmaß die Lesebildungsstandards erreicht bzw. die Lesemotivation und –gewohnheiten ausgeprägt wurden und unterstützen damit die Selbstreflexion.

Auf jedem Selbstreflexionsbogen sind der Kurztitel und die Nummer des entsprechenden Registerblattes angeführt. Um die Zuordnung des jeweiligen Bogens zu einer bestimmten Schülerarbeit zu ermöglichen, sollen die Schüler(innen) ihre Arbeit oben auf dem Blatt eintragen bzw. kurz beschreiben („Meine Aufgabe war:").

▶ Mögliche Ziele: Hier finden sich Beispiele von Lernzielen (Ich-kann-Statements) zu dem jeweiligen Schwerpunkt (Lesestandard). Sie sind ein Versuch einer kindgerechten Formulierung der Lesestandards. Da sie meist noch zu allgemein sind, müssen sie für die Portfolioarbeit und die Selbstreflexion gemeinsam mit den Schüler(inne)n auf den jeweiligen Unterricht bezogen konkretisiert werden.

▶ Vereinbarte Ziele: Hier tragen die Schüler(innen) diese konkretisierten Lernziele als Reflexionskriterien ein.

▶ Persönliche Ziele: Hier können die Schüler(innen) ihre individuellen Ziele eintragen, die sie sich in diesem Schwerpunkt vornehmen. Es müssen nicht zu jedem Schwerpunkt persönliche Ziele formuliert werden.

▶ Zur Einschätzung der Zielerreichung findet sich eine dreistufige „Smiley"-Skala.

▶ Auf der Rückseite der Selbstreflexionsbögen ist ausreichend Raum für „freie Reflexionen", für die einige Impulse angeführt sind (siehe Kapitel 8, S. 20).

Die Rückmeldebögen für die Lehrer(innen), Mitschüler(innen), Eltern oder anderen Personen sind in derselben Art gestaltet. Damit man sehen kann, von wem die Rückmeldung stammt, ist Platz für den jeweiligen Namen vorgesehen. Die Rückseite bietet für persönliche Anmerkungen Raum (siehe auch Kapitel 9, S. 21).

> *Die Selbstreflexions- und Rückmeldebögen sind Kopiervorlagen, die den Schüler(inne)n jederzeit in ausreichender Zahl zur Verfügung sein sollen.*

▶▶ 5.4 Leseplan

Die Kopiervorlage „Leseplan" enthält alle Bereiche des Lesekompetenzerwerbs und gibt damit einen Gesamtüberblick über alle Schwerpunkte. Die Schüler(innen) tragen in ihren Leseplan die Titel der für das Portfolio ausgewählten Arbeiten in den entsprechenden Bereich ein. Damit ergibt sich in Ergänzung zu den Schwerpunktprofilen ein Überblick, woran gearbeitet wurde, wo Schwerpunkte liegen oder wo noch Arbeiten notwendig sind. Der Leseplan kann auch vergrößert in der Klasse aufgehängt werden, um den Schüler(inne)n die gemeinsamen Ziele zu zeigen, die von der Lehrperson im Leseunterricht eingeführt werden.

 6. Wie kann das Leseportfolio in den Unterricht eingeführt werden?

▶ ▶ *6.1 Allgemeines*

Schülerinnen und Schüler sollen mit dem Leseportfolio Verantwortung für ihr eigenes Lernen übernehmen und ihre eigenen Leistungen dokumentieren. Es ist daher ganz besonders wichtig, die Schüler(innen) intensiv auf die Leseportfolioarbeit vorzubereiten und ihre Neugier und ihr Interesse dafür zu wecken. Die anfängliche Begeisterung zu wecken, wird dabei nicht das Problem sein, schwieriger - dafür umso notwendiger - wird es sein, für das Portfolio kontinuierlich und immer wieder zu motivieren.

Bei der Einführung des Leseportfolios ist es günstig, in kleinen Schritten zu beginnen, um Schüler(innen) aber auch sich selbst als Lehrkraft nicht zu überfordern. Alle Handlungsbereiche müssen Schritt für Schritt mit den Schüler(inne)n gemeinsam besprochen und erarbeitet werden (siehe Kapitel 3, S. 5 f.).

Wenn Sie noch nie mit Portfolios gearbeitet haben, empfiehlt es sich zunächst einmal, nur mit *einer* Leistungsgruppe bzw. Klasse zu beginnen.

Die Leseportfoliomappen bleiben in der Schule, außer die Kinder führen mit ihren Eltern Portfoliogespräche (siehe Kapitel 10, S. 22 f.).

Man kann grundsätzlich in jeder Klasse mit dem Portfolio beginnen. Wenn Sie die Entwicklung der Lesekompetenz über die gesamte Sekundarstufe hinweg beobachten und gezielt unterstützen wollen, können Sie das Portfolio bereits in Klasse 5 einführen. Erfahrungsgemäß ist jedoch eine Einführung in Klasse 7 empfehlenswert. Ein günstiger Zeitpunkt im Schuljahr für den Einstieg in die Leseportfolioarbeit ist November/Dezember. Bis dahin verfügt man sicher schon über einige Leseprodukte für das Leseportfolio. Bereits vor der Einführung der Leseportfoliomappe können Sie mit Ihren Schüler(inne)n das Auswählen von gelungenen Produkten üben.

> *Wir haben uns in den letzten Stunden im Leseunterricht intensiv mit den Märchen beschäftigt und einiges dazu gearbeitet. Welche deiner Arbeiten, die du dazu gemacht hast, gefallen dir am besten und warum? Erfüllen die von dir ausgewählten Arbeiten die vereinbarten Ziele?*

Als Lehrer bzw. Lehrerin müssen Sie auch bei der Einführung von Leseportfolios entscheiden, zu welchem Zweck Sie dieses Instrument führen wollen. Soll das Leseportfolio z. B. als didaktischer Lernbegleiter oder auch als Beurteilungsinstrument eingesetzt werden (siehe Kapitel 1, S. 3). Diese Entscheidung besprechen Sie mit den Schüler(inne)n.

> *Sinnvoll wäre es, wenn sich die Kolleg(inn)en einer Jahrgangsstufe im Deutschunterricht auf die Führung des Leseportfolios verständigen könnten, zumal dann auch die Leseprodukte aus anderen Unterrichtsfächern von allen Schüler(inne)n für ihr Portfolio verwendet werden können.*

▷▷ 6.2 Hinführung zum Leseportfolio

1. Schritt: Information des Kollegiums

Wenn Sie ein Leseportfolio führen wollen, ist zu empfehlen, das Kollegium in einer Konferenz möglichst früh darüber zu informieren. Damit soll ermöglicht werden, dass Arbeiten aus allen Unterrichtsfächern in das Leseportfolio einbezogen werden können.

2. Schritt: Besprechen der Mappe

Wenn die Schüler(innen) noch nie ein Portfolio geführt haben, erhalten sie eine gute Vorstellung, wenn sie entweder ein Leseportfolio ihrer Lehrperson oder eines Schülers oder Schülerin gezeigt bekommen. An diesem Beispiel kann das Prinzip der Portfolioarbeit erklärt werden:

In dieser Mappe sollst du deine besten Arbeiten rund um das „Lesen" bis zum Ende der achten Klasse sammeln, damit du zeigen kannst, was du gelesen und wie intensiv du dich mit Texten auseinandergesetzt hast.

Wir beginnen mit der Gestaltung der Mappe. Denk daran, du bist die Besitzerin/der Besitzer des Portfolios und diese Mappe ist deine „Lese-Visitenkarte", die du herzeigen möchtest. Du wirst oft Gelegenheit haben, an deinem Portfolio zu arbeiten, Produkte auszutauschen oder zu überarbeiten etc.

Mit der Auswahl der verschiedenen Arbeiten zu den vereinbarten Zielen kannst du über die nächsten Schuljahre mitverfolgen, wie sehr du dich im Lesen weiterentwickelst und verbesserst.

Die Schüler(innen) gestalten das Deckblatt und stellen sich darin selber als Leserin bzw. Leser vor. Im Sinne des fächerverbindenden Unterrichts kann dieses Deckblatt auch in den Fächern Kunsterziehung oder Textiles Werken gestaltet werden (siehe Kapitel 5, S. 12 ff.).

3. Schritt: „Das bin ich"

Der persönliche Charakter der Portfoliomappe wird durch das individuell gestaltete Deckblatt und die eigene Vorstellung als Leser(in) (siehe Kapitel 5) besonders unterstrichen. Für die Gestaltung dieser persönlichen Seiten sollte das Kind Anregungen und Ideen bekommen.

Du sollst dich in deinem Leseportfolio als Leser bzw. Leserin vorstellen. Wie du diese Seite gestaltest, bleibt ganz dir überlassen. Allerdings solltest du darüber berichten, wie du zum Lesen stehst. Du könntest darüber erzählen,

- ▷ wie bist du zur Leserin, zum Leser geworden (Erinnerungen, dein erstes Buch …)
- ▷ was du besonders gerne liest
- ▷ welche Themen dich interessieren
- ▷ wie viel du liest
- ▷ was du dir im Lesen für das kommende Schuljahr vornimmst
- ▷ woher du deine Lektüre bekommst
- ▷ wann und wo du am liebsten liest
- ▷ etc.

Astleitner u. a.: Mein Leseportfolio ab Klasse 7
© Brigg Pädagogik Verlag GmbH, Augsburg

4. Schritt: Zielvereinbarung

Bei jedem neuen Unterrichtsabschnitt wird mit den Schüler(inne)n besprochen, welche möglichen Produkte für das Leseportfolio entstehen könnten. Dazu werden gemeinsame und eventuelle persönliche Lernziele vereinbart, die auf dem entsprechenden Selbstreflexionsbogen eingetragen werden (siehe Kapitel 4.1, S. 7 ff. und 5.3, S. 14). In diesem Zusammenhang kann die Lehrperson mit den Schüler(inne)n auch vereinbaren, dass sie ein bestimmtes Leseprodukt in ihr Portfolio aufzunehmen haben.

> *Zum Themenbereich Märchen müssen drei Arbeiten für das Portfolio zu den vereinbarten Zielen gestaltet werden. Eine davon soll eine Deutung von einem Märchen sein. Zu jedem Produkt ist ein Selbstreflexionsbogen zu bearbeiten, außerdem mindestens zu einer der drei Arbeiten eine Rückmeldung einzuholen.*

5. Schritt: Einordnen der ersten Leseprodukte

Als Lehrer(in) geben Sie Ihren Schüler(inne)n im Rahmen des offenen Unterrichts Zeit, am Leseportfolio zu arbeiten. Wichtig ist, dass Sie diese Möglichkeit in regelmäßigen Abständen anbieten. Damit decken Sie unter anderem auch Forderungen des Lehrplans bezüglich des offenen Unterrichts und der Selbsttätigkeit ab.

Für Schüler(innen) ist es nicht einfach, ihre Produkte den verschiedenen Bildungsstandards (Registerblättern) zuzuordnen. Deshalb ist es immer wieder notwendig, einige bereits erstellte Produkte gemeinsam einzuordnen bzw. die entsprechende Nummer des Registerblattes auf das Leseprodukt schreiben zu lassen (siehe Allgemeines 6.1, S. 15).

Besprechen Sie mit Ihren Schüler(inne)n das Registerblatt, wenn Sie zu diesen Standards gerade im Unterricht arbeiten und lassen Sie ein passendes Leseprodukt einordnen (siehe Kapitel 5, S. 12 ff.).

6. Schritt: Produktwahl

Am Ende eines Unterrichtsabschnittes sollten Sie Ihren Schüler(inne)n Zeit geben, aus den entstandenen Leseprodukten das Beste für ihr Leseportfolio auszuwählen (siehe Kapitel 3, S. 5 f.).

Wie bereits erwähnt, können die Schüler(innen) auch außerhalb der Schule entstandene Leseprodukte in ihr Portfolio einbringen. Dies können z. B. Berichte/Reflexionen über Autorenlesungen oder den Besuch einer Buchmesse, Aufnahmen von Gedichtrezitationen bei Familienfeiern, Dokumente über besondere Leseinteressen (Freizeitlesen, spezielle Sachbücher zu einem Hobby) sein.

> **Weisen Sie die Schüler(innen) immer wieder darauf hin, dass selbstverständlich auch Leseprodukte aus anderen Unterrichtsfächern im Leseportfolio eingeordnet werden können.**

7. Schritt: Reflexion

▶ Selbstreflexion

Die Arbeit mit den Selbstreflexionsbögen, die in ausreichender Zahl (kopiert) zur Verfügung stehen sollen, muss den Schüler(inne)n auch erklärt und mit ihnen geübt werden (siehe auch Kapitel 8, S. 20).

▶ Rückmeldung

Wenn für ein Produkt des Leseportfolios ein Rückmeldebogen von der Lehrperson, einer Mitschülerin, einem Mitschüler oder Elternteil bearbeitet worden ist, soll zusätzlich ein Gespräch darüber geführt werden. Dafür werden im Unterricht Gesprächsregeln erarbeitet.

> ▶ Die Gesprächspartner hören einander gut zu.
>
> ▶ Du sprichst klar und verständlich.
>
> ▶ Du beschreibst, was du festgestellt hast, ohne zu werten.
>
> ▶ Auf Fragen deines Gesprächspartners gehst du ein.
>
> ▶ Du bleibst fair und freundlich, du nimmst deinen Gesprächspartner ernst.
>
> ▶ Nebengespräche, störende Bemerkungen und Ähnliches haben in eurem Gespräch keinen Platz.
>
> ▶ Euer Gespräch soll - wenn nötig - zu Verbesserungsvorschlägen führen.

Solche oder ähnliche Gesprächsregeln sollen mit den Schüler(inne)n besprochen und trainiert werden. Die Rückmeldebögen sollen den Schüler(inne)n für ihre Peer-Portfoliogespräche leicht zugänglich sein (siehe auch Kapitel 10, S. 22 f.).

7. Wie können die Eltern in die Portfolioarbeit mit einbezogen werden?

Die Arbeit mit dem Leseportfolio bedingt, dass man mit anderen über die eigenen Arbeitsergebnisse spricht. Um besser lernen zu können, brauchen Schüler(innen) sowohl von Lehrer(inne)n, Mitschüler(inne)n und Eltern ein gezieltes und angemessenes Feedback. Es stellt sich also nun die Frage, wie man die Eltern sinnvoll in die Arbeit mit dem Leseportfolio integrieren kann, da sich die Arbeit mit einem Leseportfolio doch sehr von dem unterscheiden wird, was Eltern als Schüler(innen) selbst erlebt haben.

▶ ▶ 7.1 Elternbrief

Informieren Sie die Eltern mithilfe eines Elternbriefes zu Beginn des Schuljahres über die geplante Einführung des Leseportfolios, da sie diese Methode wahrscheinlich noch nicht kennen werden (siehe Kopiervorlage im Anhang, S. 30).

Bieten Sie in diesem Elternbrief eine allgemeine Informationsveranstaltung über die Arbeit mit dem Leseportfolio an. Im Idealfall können Sie an diesem Elternabend alle Eltern darüber genauer informieren, wie mit einem Leseportfolio gearbeitet wird. Sie sollten den Eltern die dem Leseportfolio zugrunde liegende „Philosophie" und den Nutzen für ihr Kind erklären. Die Eltern sollten während dieser Vorstellung auch die Möglichkeit haben, Fragen zu stellen und Einwände vorzubringen. Sie als Lehrer bzw. Lehrerin sind dafür verantwortlich, dass Schüler(innen) und Eltern die Ziele und Erwartungen, die an die Arbeit mit dem Leseportfolio geknüpft sind, verstehen.

> *Natürlich kann diese grundlegende Information auch während eines Klassenforums zu Beginn des Schuljahres gegeben werden. Es ist nur darauf zu achten, dass wirklich genügend Zeit zur Verfügung steht, damit Sie auf die Fragen und Einwände der Eltern ausreichend eingehen können.*

Astleitner u. a.: Mein Leseportfolio ab Klasse 7
© Brigg Pädagogik Verlag GmbH, Augsburg

7.2 Präsentation der Arbeitsergebnisse zu Hause

Bevor Sie den Schüler(inne)n die ersten Arbeitsergebnisse zur Präsentation mit nach Hause geben, informieren Sie die Eltern einige Tage vorher darüber (siehe Kopiervorlage im Anhang, S.31).

Weisen Sie die Eltern in diesem Schreiben nochmals darauf hin, sich für diese Vorstellung Zeit zu nehmen und die Arbeit ihres Kindes entsprechend zu würdigen. Je größer die Wertschätzung ist, die die Eltern der schulischen Arbeit ihres Kindes entgegenbringen, desto höher ist die Motivation ihres Kindes, in Zukunft die Qualität der eigenen Arbeiten noch zu verbessern.

Bitten Sie die Eltern in diesem Schreiben auch, dem Kind eine schriftliche Rückmeldung durch Ankreuzen der für sie passenden Bewertungsstufen auf dem Rückmeldebogen, der sich im Portfolio befindet, zu geben. Zusätzlich oder anstelle des Ankreuzens können die Eltern ihrem Kind auch in einer freien Form schriftlich mitteilen, wie ihnen die Arbeiten und die Präsentation gefallen haben. Diese Rückmeldung kommt ebenfalls zu den entsprechenden Arbeiten in das Portfolio.

7.3 Präsentation der Arbeitsergebnisse in der Schule

Es ist auch hilfreich, die Eltern während des Schuljahres in den Unterricht einzuladen, in dem die Schüler(innen) ausgewählte Arbeitsergebnisse präsentieren. Diese Vorgangsweise verleiht der schulischen Arbeit der Schüler(innen) einen gewissen Öffentlichkeitscharakter und motiviert Kinder meist zusätzlich. Schüler(innen) vollbringen oft unerwartete Leistungen, wenn sie wissen, dass sie vor Publikum sprechen müssen. Außerdem bescheren solche Präsentationen den Schüler(inne)n besondere Erfolgserlebnisse.

Ihre Aufgabe ist es, die Präsentationen zu planen und zu organisieren sowie die Schüler(innen) entsprechend darauf vorzubereiten.

Die Einladungen für solch eine Präsentation können auch die Schüler(innen) für ihre Eltern schreiben und gestalten.

Ähnliche Möglichkeiten ergeben sich am Schuljahresende, wo die Schüler(innen) etwa bei einem Schulfest ihre Leseportfolios ausschnittweise präsentieren können. Auch die Schulbibliothek kann als Präsentationsort genutzt werden (siehe auch Kapitel 11, S.24).

7.4 Elternsprechtag

Der Elternsprechtag ist eine wichtige Form der Elterninformation. In die Information über die Leistungen der Schüler(innen) kann auch das Leseportfolio einbezogen werden. Wenn man davon ausgeht, dass Leseförderung am ehesten dann wirksam wird, wenn sie nicht nur punktuell, sondern längerfristig durchgeführt wird, sollten am Elternsprechtag die Schwerpunktprofile aus dem Portfolio mit den Eltern besprochen und daraus resultierende Fördermaßnahmen, die auch die Eltern übernehmen können, festgelegt werden (siehe auch Kapitel 12, S.25 f.). Die Präsentation des *eigenen Leseportfolios durch die Schüler(innen)* verlieh vielen Elternsprechtagen eine neue Qualität (siehe auch Kapitel 10, S.22 f.).

 ## 8. Die Arbeit mit den Selbstreflexionsbögen

Die Entwicklung der Reflexionskompetenz ist ein Prozess, der Schritt für Schritt gelernt und begleitet werden muss. Es bieten sich dazu unabhängig von der Portfolioarbeit verschiedene Übungen zum reflexiven Schreiben an (vgl. u.a. Gerd Bräuer, 2004).

Bei der Selbstreflexion schätzen Schüler(innen) das eigene Lern- und Leseverhalten ein, sie bewerten ihre eigenen Produkte. Es ist vorgesehen, dass in den Teilen 2 bis 5 *zu jedem* in das Portfolio aufgenommenen *Produkt* eine schriftliche Selbsteinschätzung gemacht wird. Nur der Selbstreflexionsbogen 1 (Schülerteil S.15), Lesemotivation und Lesegewohnheiten, zu dessen Kriterien über einen vereinbarten Zeitraum (z. B. ein Schulhalbjahr) die Schüler(innen) Beweisstücke des eigenen Verhaltens sammeln und ins Portfolio geben, wird erst am Ende des Zeitraums zur Reflexion und Einschätzung *aller* hier eingeordneter Dokumente verwendet.

Im Leseportfolio werden den Schüler(inne)n zur Unterstützung auf den *Selbstreflexionsbögen (Vorderseite)* die mit ihnen vereinbarten Lernziele als Kriterien mit drei Qualitätsstufen vorgegeben. Diese Kriterien sollen helfen, sich selbstständig und kritisch mit der erbrachten Leistung auseinanderzusetzen.

Die Symbole stehen für

 sehr gute   **zufriedenstellende**   **gerade noch erreichte**

Zielerreichung (siehe auch Kapitel 5, S.12 ff. und 6, S.15 f.).

---

*Die Leseprodukte der Schüler(innen) werden bei der Bewertung **nicht miteinander verglichen**. Dies ist bei der großen Verschiedenartigkeit der Produkte, wie dies bei Portfolioarbeiten die Regel sein sollte, auch nicht sinnvoll bzw. sachgemäß. Jede Portfolioarbeit wird nur hinsichtlich der Zielerreichung bewertet. Für die **Nichterreichung** der Ziele ist **keine** Qualitätsstufe vorgesehen, da im Portfolio nur die Erreichung der Ziele dokumentiert wird. Die Schüler(innen) sind daher angehalten, so lange daran zu arbeiten, dass zumindest das Ziel „gerade noch erreicht" wird (siehe auch Kapitel 6.2).*

Damit die Schüler(innen) mit den Selbstreflexionsbögen sachgemäß arbeiten können, müssen sowohl der Inhalt der Lernziele als auch die Qualitätsstufen mit ihnen besprochen werden. Zum Einüben können auch einige Leseprodukte gemeinsam mit ihnen eingeschätzt werden. Dies sollte erst dann geschehen, wenn diese Zielstellungen im Unterricht bearbeitet werden.

Die Reflexionsbögen sind so gestaltet, dass sie den individuellen Bedürfnissen der einzelnen Schüler(innen) (persönliche Ziele) und der Lehrer(innen) (vereinbarte Ziele) Platz geben. Bei den vereinbarten Zielen können auch Lernziele aus anderen Schwerpunkten oder anderen Bereichen des Deutschunterrichtes (wie „Texte verfassen") aufgenommen werden.

Um die Schüler(innen) zur *freien Reflexion (Rückseite)* hinzuführen, aber auch um ihre Einschätzungen auf der Vorderseite leichter nachvollziehen zu können, sollen sie angeregt werden, die vereinbarten Ziele mit freien Formulierungen im Teil „Was mir wichtig ist" zu ergänzen.

Die freie Reflexion ist eine anspruchsvollere Aufgabe als die gebundene Form. Die freie Reflexion wird daher die gebundene erst in den höheren Schulstufen vollständig ersetzen können.

Vorteile der Selbstreflexion:

▷ Schüler(innen) werden befähigt, sich realistisch einzuschätzen, indem sie die erbrachte Leistung kritisch mit den gesetzten oder erwünschten Zielen vergleichen.

▷ Die Selbstständigkeit wird erhöht.

▷ Schulische Bewertungsprozesse und die damit verbundenen Anforderungen werden transparenter und nachvollziehbarer.

▷ Schüler(innen) lernen, angemessene Lerntechniken auszuwählen, anzuwenden und - wenn notwendig - die Lernstrategie zu korrigieren.

▷ Die Selbstreflexion des eigenen Lernprozesses und des Lernproduktes durch das Kind sind eine Basis für die Planung des weiteren Lernens.

▷ Die Analyse der ausgewählten Lernprodukte durch die Lehrperson im Rahmen des Portfoliogespräches bietet die Grundlage für die Erstellung individueller Fördermaßnahmen.

▷ Durch die bewusste Reflexion der eigenen Lerntätigkeit und die freie Einschätzung der eigenen Arbeit ist die Wahrscheinlichkeit hoch, dass auch die Lernleistung und die Lernmotivation positiv beeinflusst werden.

Obwohl hier ein didaktischer Weg von der gebundenen zur freien Form der Selbstreflexion vorgeschlagen wird, ist es die Entscheidung der Lehrer(innen), welche Form sie verwenden.

> *Die Selbstreflexion ist ein anspruchsvoller Prozess und setzt eine vertrauensvolle Beziehung zwischen allen Beteiligten sowie einen schülerorientierten Unterricht voraus.*

9. Die Arbeit mit den Rückmeldebögen

Die Rückmeldebögen ermöglichen *Fremdeinschätzungen*, und zwar von Lehrer(inne)n, Mitschüler(inne)n und Eltern (siehe Kapitel 5, S. 12 ff.). Um zu wissen, von wem eine Rückmeldung stammt, soll der Name der rückmeldenden Person eingetragen werden. Diese Bögen haben dieselbe Struktur wie die Selbstreflexionsbögen. Sie geben aus der Sicht des Rückmeldenden Auskunft über das Erreichen der Lesestandards. Die Rückmeldungen sollen

▷ die Entwicklung einer realistischen Selbsteinschätzung der Schüler(innen) unterstützen,

▷ Schüler(innen) beraten, wie sie ihr weiteres Lernen gestalten können.

Rückmeldebögen werden nur zur Vorbereitung von Portfoliogesprächen ausgefüllt. Der Inhalt wird in einem Portfoliogespräch unter Beachtung der Feedbackregeln besprochen (siehe Kapitel 6, S. 15 f. und Kapitel 10, S. 22 f.).

Es wird nicht zu jedem Portfolioprodukt eine *Lehrerrückmeldung* geben. Die Schüler(innen) sollen sich daher auch Rückmeldungen von ihren Mitschüler(inne)n oder von anderen Personen holen, sodass sie zu möglichst allen eingeordneten Leseprodukten Rückmeldungen erhalten. Sie sollen durch die Rückmeldungen erfahren, inwieweit und warum ihre eigene Selbsteinschätzung sich mit der Bewertung durch andere Personen deckt oder sich davon unterscheidet. *Eltern* sollen das Portfolio ihres Kindes wenigstens einmal in einem Halbjahr anschauen. Schüler(innen)

nehmen dazu das Leseportfolio mit nach Hause, zeigen es den Eltern und bitten sie, zu einem ausgewählten Produkt einen Rückmeldebogen auszufüllen. Eltern können aber auch zum gesamten Portfolio Eindrücke in einer freien Form schriftlich formulieren (siehe auch Kapitel 7, S. 18 f.).

Alle Rückmeldebögen - egal ob von Lehrer(inne)n, Mitschüler(inne)n oder Eltern - werden grundsätzlich zum entsprechenden Produkt in die Portfoliomappe gegeben.

10. Wie werden Portfoliogespräche geführt?

Wie bereits im Kapitel 3, S. 5 f. veranschaulicht, unterstützen Portfoliogespräche die Reflexionen der Schüler(innen) bei der Auswahl ihrer Portfolioprodukte. Jedes Kind sollte regelmäßig die Gelegenheit haben, Gespräche über sein Portfolio mit

▶ seiner Lehrperson

▶ anderen Schüler(inne)n und

▶ seinen Eltern

zu führen. Bei diesen Gesprächen erhält das Kind Rückmeldungen zu seinen Arbeiten aus verschiedenen Perspektiven und lernt dabei verschiedene Sicht- und Arbeitsweisen sowie unterschiedliche Bewertungsmaßstäbe kennen.

Dabei erfährt es die *Subjektivität* jeder Bewertung und kann diese Subjektivität akzeptieren, wenn sie wertschätzend, fördernd und helfend erfolgt. Wenn Rückmeldungen *sachbezogen* sind, fördern sie das Lernen und helfen dem Kind, zu einer positiven Selbstbewertung zu gelangen sowie ein realistisches Anspruchsniveau zu entwickeln. Beides sind unverzichtbare Voraussetzungen für erfolgreiches Lernen.

> *Eine solche Feedbackkultur muss jedoch erst gelernt werden. Vor allem die Schüler(innen) und die Eltern brauchen entsprechende Lerngelegenheiten, die ihnen angeboten werden müssen. Für die Schüler(innen) können solche Lernsituationen immer wieder in den Unterricht integriert werden. Eltern können in Klassenelternabenden ähnliche Erfahrungen ermöglicht werden (siehe Kapitel 7).*

Die Häufigkeit solcher Portfoliogespräche hängt natürlich auch von der Schüler- sowie von der Wochenstundenzahl ab. In der Anfangsphase der Portfolioarbeit sollte die Lehrperson sich jedenfalls die Zeit nehmen, mit jedem Kind ein individuelles Portfoliogespräch zu führen, um es mit der Arbeitsweise vertraut zu machen.

In diesen Gesprächen, auf die sich alle Beteiligten vorbereiten sollen, wird besprochen,

▶ warum die Lernprodukte für das Portfolio vom Schüler, von der Schülerin ausgewählt worden sind,

▶ welche Erfahrungen bei der Erstellung gesammelt werden konnten,

▶ was gut gelungen ist und

▶ was noch verbessert werden könnte.

Mit der schriftlichen Selbstbewertung des eigenen Lernprodukts nach vereinbarten Kriterien bereitet sich die Schülerin bzw. der Schüler auf diese Gespräche vor (siehe Kapitel 8, S. 20). Die Bearbeitung des Rückmeldebogens dient als Vor-

bereitung des jeweiligen Gesprächspartners bzw. der -partnerin für die Lehrer-Schüler- und Schüler-Schüler-Gespräche, für die Eltern-Lehrer-Schüler-Runde sowie für die Gespräche der Eltern mit ihrem Kind (siehe auch Kapitel 9, S. 21).

Lehrer(in)-Schüler(in)

Die Lehrereinschätzungen nach denselben Kriterien erhält der Jugendliche im *Lehrer-Schüler-Portfoliogespräch* rückgemeldet. Diskrepante Einschätzungen werden von beiden Seiten begründet, um die unterschiedlichen Sichtweisen bewusst zu machen, nicht um die Diskrepanzen aufzulösen. Keinesfalls sollte die Lehrperson ihre Einschätzungen als die „richtigen" den „falschen" des Jugendlichen entgegensetzen, sondern ihm nur eine andere, neue Sichtweise eröffnen.

In diesen Gesprächen geht es um

> ▷ die Qualität der Lernprodukte,

> ▷ das Erreichen der Lernziele,

> ▷ Anregung von persönlichen Lernzielen,

> ▷ nächste innovative Lernprodukte, die möglichst auf den Stärken der Schüler(innen) aufbauen,

> ▷ das Planen von Elterngesprächen, wenn sie notwendig sind.

Schüler(in)-Schüler(in)

Peer-Portfoliogespräche sollten die Schüler(innen) im Unterricht immer wieder führen können. Gerade diese sind gute Gelegenheiten zum vertieften Lernen und Verstehen. Die Schüler(innen) suchen sich selbst einen Gesprächspartner oder eine -partnerin. Ab und zu können sich die Peers auch nach dem Zufallsprinzip finden.

Die Rückmeldungen der Peers können neue Sichtweisen und Hinweise für die Weiterarbeit enthalten, die oft zu zusätzlichen Einsichten in den eigenen Lernprozess führen (siehe Kapitel 9).

> *Schüler(innen) müssen besonders vor den Peer-Portfoliogesprächen auf die Feedbackregeln aufmerksam gemacht werden (siehe Kapitel 6). Diese Peer-Gespräche dienen auch der Überarbeitung der Portfolioprodukte und unterstützen die individuelle Leistungsverbesserung.*

Eltern-Kind

In den *Eltern-Kind-Portfoliogesprächen* können die Eltern mit der Zustimmung ihres Kindes ihre eigenen Beobachtungen und Reflexionen in die Mappe einlegen. So entsteht während des Schuljahrs ein indirekter Kommunikationsprozess mit den Lehrer(inne)n. Indem die Eltern der Argumentation ihres Kindes über die Auswahl und Qualität der einzelnen Produkte zuhören und ihm Fragen stellen, können sie ihm helfen, sich seines eigenen Lernfortschritts bewusster zu werden und Entscheidungen nach klaren Kriterien zu fällen (siehe Kapitel 7 und 9). Es empfiehlt sich, die Eltern darauf z. B. in einem Brief vorzubereiten (siehe Kopiervorlage im Anhang, S. 31).

Diese schriftliche Lehrer-Eltern-Schüler-Kommunikation ist auch eine gute Vorbereitung für Elternsprechtage oder -sprechstunden. Durch die gemeinsame Kenntnis der Schülerportfolios haben Eltern und Lehrer(innen) eine Besprechungsbasis, die es ihnen erlaubt, wesentliche Punkte herauszugreifen und konstruktiv gemeinsame Handlungsrahmen zur individuellen Leseförderung zu erstellen.

Eltern-Lehrer(in)-Schüler(in)

Eltern sollten nicht nur von ihrem Kind das Portfolio regelmäßig vorgestellt bekommen, sondern zumindest einmal im Halbjahr die Gelegenheit haben, mit der Lehrperson das Portfolio in Anwesenheit ihres Kindes in einer *Eltern-Lehrer-Schüler-Runde,* z. B. während des Elternsprechtages, zu besprechen. Die Eltern sollten dabei erfahren, wie ihr Kind durch die Portfolioarbeit zum „aktiven und autonomen Lerner" wird.

Es haben sich nach Einführung der Portfolios in vielen Schulen die Elternsprechtage verändert. Schüler(innen) übernehmen dort die Hauptrolle in der Darstellung ihrer Lernfortschritte. Anhand des Portfolios beschreiben sie ihre Lernziele und wie sie diese erreicht haben. In einer solchen Besprechung können auch die Ressourcen und Fertigkeiten der Eltern leichter entdeckt und eingebunden werden, die sie ihrem eigenen Kind oder auch der ganzen Klasse zur Verfügung stellen können (siehe auch Kapitel 7, S. 18 f.).

Die Selbstreflexions- und Rückmeldebögen steuern nicht nur die Unterrichtsarbeit der Lehrerin oder des Lehrers und das Lernen der Kinder, sondern helfen auch, die Eltern als unterstützende Ressourcen für das Lernen der Kinder besser einzubinden und sie umfassender über die Lernarbeit in der Schule zu informieren.

 # 11. Präsentation der Leseportfolios

Eine Stärke der Portfolios liegt auch darin, dass sie den Schüler(inne)n eine Möglichkeit bieten, ihre besten Arbeiten verschiedenen Personenkreisen zu präsentieren. Dabei werden in der Regel ihre Arbeiten intensiver wahrgenommen und stärker gewürdigt als im herkömmlichen Unterricht. Dies hebt die Leistungsmotivation generell und regt die Schüler(innen) an, die Qualität der eigenen Arbeiten zu verbessern. Gleichzeitig lernen sie, sich selbst und ihre Arbeiten zu präsentieren. Damit erwerben sie eine dynamische Fähigkeit, die in der Schule vermittelt werden soll.

Die Präsentation gehört daher implizit zu den Handlungsbereichen der Portfolioarbeit. So sollten im Unterricht immer wieder Zeiten vorgesehen sein, in denen einzelne Schüler(innen) eine Arbeit aus ihrem Portfolio der Klasse kurz präsentieren können. Die Fragen zu „Was mir wichtig ist" auf den Selbstreflexionsbögen können solche Präsentationen strukturieren (siehe auch Kapitel 8, S. 20). Nach der Präsentation sollen die Mitschüler(innen) Rückmeldungen zur Qualität des vorgestellten Produktes und zur Präsentation geben. Dabei entwickeln sie ihre eigenen Präsentationsfertigkeiten weiter.

Ein Kriterienkatalog für die Bewertung einer Präsentation enthält in der Regel drei Dimensionen (vgl. Michael Becker-Mrotzek: Präsentieren. In: Praxis Deutsch: Präsentieren. S. 12/13):

Inhalt: Sind die dargestellten Inhalte angemessen?

▶ Sind die Inhalte sachlich richtig?

▶ Werden sie verständlich dargestellt?

▶ Ist die Informationsmenge angemessen?

Astleitner u. a.: Mein Leseportfolio ab Klasse 7
© Brigg Pädagogik Verlag GmbH, Augsburg

Medien: Sind die eingesetzten Medien angemessen?

▷ Passen die eingesetzten Medien zum Inhalt und zur Absicht?

▷ Sind Folien lesbar, d.h. sind Schriftgröße und Abbildungen groß genug?

▷ Sind Visualisierungen vorhanden und sachlich zutreffend?

▷ Helfen Visualisierungen, die Inhalte besser zu verstehen?

Vortragsweise: Ist die Vortragsweise angemessen?

▷ Kann man die Vortragenden verstehen, d.h. sprechen sie laut genug und nicht zu schnell?

▷ Schauen sie die Zuhörer an?

▷ Halten sie ihre Zeit ein?

▷ Gelingt es ihnen, die anschließende Diskussion zu leiten?

> *Die Schüler(innen) können durch die gemeinsame Entwicklung eines solchen Rückmeldebogens besonders gut auf die Präsentationen vorbereitet werden (vgl. Bildungsstandards Deutsch). Die Rückmeldesituationen sind auch Übungsgelegenheiten für die Peer-Portfoliogespräche, bei denen ebenfalls die Gesprächsregeln für Rückmeldungen beachtet werden sollen (siehe auch Kapitel 6 und 10).*

Andere Situationen für Präsentationen ergeben sich bei verschiedenen Veranstaltungen am Schuljahresende. Dort können die Schüler(innen) der Öffentlichkeit ausschnittweise ihre Leseportfolios präsentieren (Vorlesen von Textausschnitten, Plakate oder Wandzeitungen, Dialoge spielen ...). Solche Präsentationen beleben auch jeden Klassenelternabend und bringen den Präsentator(inn)en besondere Erfolgserlebnisse. Auch Schüler(innen) niedrigerer Klassen können interessierte Gäste von Präsentationen sein und dabei erfahren, was sie in den nächsten Jahren eventuell tun und lernen können.

12. Das Schwerpunktprofil als Grundlage für Fördermaßnahmen

Das Schwerpunktprofil zeigt, in welchem Ausmaß die Schüler(innen) die Bildungsstandards erreicht haben. Auf dieser Grundlage können individuelle Förderkonzepte erstellt werden.

Die Schwerpunktprofile können Lehrer(inne)n auch als Planungshilfe dienen. Sie machen ersichtlich, welche Bildungsstandards noch nicht nachhaltig bei den Schüler(inne)n gesichert sind oder noch gar nicht im Unterricht behandelt wurden.

Die Erstellung von Schwerpunktprofilen erscheint frühestens zu Beginn des zweiten Halbjahres sinnvoll, da zu diesem Zeitpunkt davon ausgegangen werden kann, dass eine ausreichende Anzahl von Schülerarbeiten in den Leseportfolios enthalten ist. Fördermaßnahmen, die aus diesen Profilen entstehen, sollten mit den Eltern besprochen und abgestimmt werden (siehe Kapitel 7, S. 18 f.).

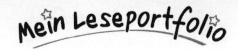

Die Schwerpunktprofile von Schüler(inne)n können nicht über die Jahrgangsstufen oder Leistungsgruppenniveaus hinweg verglichen werden, da in jedem Schuljahr bzw. in den oberen Leistungsgruppenniveaus höhere Anforderung gestellt werden. Gleichbleibende Bewertungen über die Jahre bzw. über Leistungsgruppenniveaus hinweg drücken also nicht aus, dass Schüler(innen) gleiche Leistungen erbringen bzw. nichts dazu gelernt haben. Es kann sogar passieren, dass bei einzelnen Schüler(inne)n die Bewertungen aufgrund eines höheren Anforderungsniveaus sinken, obwohl effektiv die Lesekompetenz gestiegen ist.

Alle Schwerpunktprofile werden dem Leseportfolio beigefügt, da sie zur Selbstreflexion der Schüler(innen) beitragen.

Das Schwerpunktprofil wird von den *Schüler(inne)n* auf der Basis der Selbsteinschätzungen erstellt (Kopiervorlage siehe Anhang, S. 33). Es zeigt, wie das Kind seine Leistungen in den jeweiligen Schwerpunktbereichen einschätzt.

Die Einschätzungen auf den Selbstreflexionsbögen werden in Punkte umgerechnet:

 30 Punkte   **20 Punkte**   **10 Punkte**

Die Punktwerte der Einschätzungen innerhalb eines Schwerpunktbereiches werden addiert und der Durchschnittswert errechnet. Der errechnete Wert wird auf der Skala des jeweiligen Schwerpunktes markiert. Die eingetragene Anzahl der Arbeiten für jeden Schwerpunktbereich gibt einen Hinweis auf die Aussagekraft des Profils.

Beispiel:

Hat ein Schüler bzw. eine Schülerin folgende Bewertung vorgenommen , ergibt sich ein Durchschnittswert von 23 Punkten. Dieser ist auf der dem Schwerpunkt zugeordneten Skala folgendermaßen einzutragen:

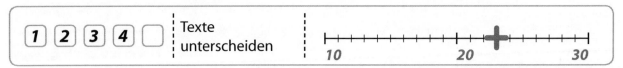

Hat die Lehrperson zu allen Arbeiten zu einem Registerblatt (Schwerpunkt) Rückmeldebögen bearbeitet, kann natürlich auch auf dieser Grundlage ein Schwerpunktprofil erstellt werden.

Weist das Schwerpunktprofil in einem oder mehreren Bereichen deutliche Schwächen auf, sollten – wenn vorhanden – noch genauere Diagnoseverfahren (z. B. Lesescreening-Verfahren) eingesetzt werden. So wird eine gezielte Leseförderung möglich.

Astleitner u. a.: Mein Leseportfolio ab Klasse 7
© Brigg Pädagogik Verlag GmbH, Augsburg

 ## 13. Gesamtbewertung der Leseportfolios

Die Gesamtbewertung kann zur Beurteilung der „Beobachtung der Mitarbeit" herangezogen werden (siehe Kapitel 14, S. 27 f.).

Wenn das Leseportfolio ausschließlich als Lernbegleiter und nicht zur Leistungsfeststellung genutzt wird, sollten die Schüler(innen) von ihrer Lehrerin bzw. ihrem Lehrer zumindest ein- oder zweimal im Jahr eine schriftliche Rückmeldung über die Qualität ihres Portfolios erhalten. Dies haben sich die Schüler(innen) nach den vielen Anstrengungen, die sie in ihr Portfolio investiert haben, verdient und das wird ihre Motivation verstärken. Aber auch Schüler(innen), die diese Arbeit vielleicht noch nicht so ernst genommen haben, sollen durch entsprechende Rückmeldungen motiviert werden, sich mehr anzustrengen. Dazu bieten wir den Gesamtbewertungsbogen als Kopiervorlage an (siehe Anhang, S. 35/36).

Die Lehrperson kann entscheiden, ob sie eine Gesamtbewertung vornehmen möchte und ob sie dazu den angebotenen Bogen oder einen selbst erstellten verwendet. Wenn sie sich dazu entscheidet, sollten die Schüler(innen) auch darauf vorbereitet werden. Dies sollte aber erst erfolgen, wenn die Schüler(innen) schon konkrete Vorstellungen von der Portfolioarbeit haben. Jetzt kann der Bogen mit ihnen besprochen werden, sodass transparent wird, wie ihr Portfolio am Schuljahresende bewertet werden wird (siehe auch Kapitel 3, S. 5 f.). Natürlich können auch die Schüler(innen) diesen Bogen zur Selbsteinschätzung ihres gesamten Portfolios verwenden. Bei portfolioerfahrenen Schüler(inne)n sollten sich dabei keine großen Diskrepanzen zur Lehrerbewertung ergeben.

Der erste Teil des Bogens enthält Rückmeldungen zur äußeren Form des gesamten Portfolios. Das angeschlossene Schwerpunktprofil gibt einen Überblick über die im Portfolio dokumentierte Erreichung der Lesestandards. Die „zusammenfassende Portfoliobewertung" soll zur Verstärkung der Schüleranstrengungen wertschätzend und motivierend formuliert werden.

 ## 14. Das Portfolio als Instrument der Leistungsfeststellung

Ein Portfolio kann – wie in Kapitel 1 bereits erwähnt – nicht nur als Lehr-Lern-Instrument, sondern auch als Instrument zur Leistungsfeststellung und Leistungsbeurteilung eingesetzt werden.

Das Leseportfolio als Instrument zur Leistungsfeststellung kann die Lehrkraft wesentlich bei der Beobachtung der Mitarbeit der Schüler(innen) unterstützen.

Die Beobachtung der Mitarbeit kann mit dem Leseportfolio wie folgt beurteilt werden:

▸ Das Leseportfolio wird von den Schüler(inne)n zu einem vereinbarten Zeitpunkt abgegeben. Damit das Leseportfolio im Sinne des jeweiligen Kindes von der Lehrperson gelesen und verstanden werden kann, sollte ein entsprechender „Brief an die Leser(innen)" enthalten sein (siehe auch Kapitel 5, S. 12 ff.).

▸ Die Lehrperson bewertet jedes Leseportfolio mithilfe des Gesamtbewertungsbogens.

▸ Die Einschätzungen im Gesamtbewertungsbogen und das von den Schüler(inne)n erstellte Schwerpunktprofil werden in eine Ziffernnote umgelegt. Der diesem Prozess zugrunde liegende „Notenschlüssel" sollte mit den Schüler(inne)n gemeinsam festgelegt werden.

Astleitner u. a.: Mein Leseportfolio ab Klasse 7
© Brigg Pädagogik Verlag GmbH, Augsburg

▶ Der jeweilige Gesamtbewertungsbogen mit dem in einer Ziffernnote ausgedrückten Ergebnis wird in den Leseportfolios der Schüler(innen) bei den Schwerpunktprofilen abgeheftet. Wertschätzende Kommentare in der „zusammenfassenden Portfoliobewertung" sollen Schüler(innen) zur Weiterarbeit motivieren (siehe Kapitel 13, S.27).

▶ Die ausgefüllten Gesamtbewertungs-, Selbstreflexions- und Rückmeldebögen ersetzen die schriftlichen Aufzeichnungen der Lehrer(innen) über die Mitarbeit der Schüler(innen).

Das Portfolio könnte auch als direkte Leistungsvorlage die Ziffernbeurteilung ersetzen. Eine solche Beurteilung würde den prozesshaften Charakter der Lernentwicklung besser abbilden als die abstrakte Ziffernnote. Außerdem wird sie dem selbst bestimmten Lernen gerecht.

15. Literatur

Bohl, Thorsten: Prüfen und Bewerten im offenen Unterricht. 2. erweiterte Auflage, Beltz 2004

Borchers, Elisabeth: Und oben schwimmt die Sonne davon. Ellermann 1965

Bräuer, Gerd: Schreiben(d) lernen. Ideen und Projekte für die Schule. Edition Körber-Stiftung 2004

Brunner, Ilse, Schmidinger Elfriede: Gerecht beurteilen. Portfolio: die Alternative für die Grundschulpraxis. 2. Auflage, Veritas 2004

Brunner, Ilse, Schmidinger Elfriede: Leistungsbeurteilung in der Praxis. Der Einsatz von Portfolios im Unterricht der Sekundarstufe I. 2. Auflage, Veritas 2004

Brunner, Ilse, Häcker, Thomas, Winter, Felix (Hrsg.): Handbuch Portfolioarbeit. Kallmeyer 2005

Czerwanski, Annette, Solzbacher, Claudia, Vollstädt, Witlof (Hrsg.): Förderung von Lernkompetenz in der Schule. Verlag Bertelsmann Stiftung 2002

Easley, Shirley-Dale, Mitchell, Kay, Arbeiten mit Portfolios: Schüler fordern, fördern und fair beurteilen. Verlag an der Ruhr 2004

Falschlehner, Gerhard: Vom Abenteuer des Lesens. Residenz Verlag 1997

Fritsche, Elfi, Sulzenbacher, Gudrun: Lese-Rezepte. Neues Lernen in der Bibliothek, öbv&hpt 1999

Gelberg, Hans Joachim (Hrsg.): Großer Ozean. Beltz & Gelberg 2000

Klippert, Heinz: Kommunikationstraining: Übungsbausteine für den Unterricht. Beltz 2001

Kühn, Peter, Reding, Pierre: Lese-Kompetenz-Tests für die Klassen 5 und 6, Auer 2004

Plamenig, Beatrix: Vom Lesetagebuch zum Portfolio. Ein Baustein für das Eigenverantwortliche Arbeiten und Lernen. Schriftenreihe des Pädagogischen Instituts des Bundes in Steiermark, AHS, Heft 7

Praxis Deutsch: Präsentieren, Heft 190, Friedrich 2005

Schmidinger, Elfriede: Das Portfolio als Unterrichtsstrategie. Portfolios und Unterricht: ein wechsel-seitiges Verhältnis. In: Brunner, Ilse, Häcker, Thomas, Winter, Felix (Hrsg.): Handbuch Portfolioarbeit. Kallmeyer 2005

Schmidinger, Elfriede: Das Leseportfolio als persönlicher Lernbegleiter zu den Bildungsstandards Deutsch / Lesen. In: Gläser-Zikuda, Michaela, Hascher, Tina (Hrsg.): Lernprozesse dokumentieren, reflektieren und beurteilen. Lerntagebuch und Portfolio in Bildungsforschung und Bildungs-praxis. Klinkhardt 2007

Schmidinger, Elfriede: Individuelle Lesförderung mit Leseportfolios. In: Bertschi-Kaufmann, Andrea (Hrsg.): Lesekompetenz, Leseleistung, Leseförderung. Grundlagen, Modelle und Materialien. Klett und Balmer 2007

Vierlinger, Rupert: Leistung spricht für sich selbst. „Direkte Leistungsvorlage" (Portfolios) statt Ziffernzensuren und Notenfetischismus. Diek-Verlag 1999

Winter, Felix: Leistungsbewertung. Eine neue Lernkultur braucht einen anderen Umgang mit den Schülerleistungen. Schneider 2004

Wintersteiner, Werner (Hrsg.): Portfolio. ide, Heft 1/02 Innsbruck: Studienverlag

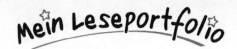 **Mein Leseportfolio**

 16. Anhang

▶ ▶ **16.1** *Elternbriefe und Folie „Handlungsbereiche bei der Portfolioarbeit" (Textvorschlag bzw. Kopiervorlage)*

Liebe Eltern!

Im kommenden Schuljahr werde ich in meiner Klasse / werden wir an unserer Schule im Rahmen des Deutschunterrichtes die Arbeit mit dem Leseportfolio einführen.

Das Leseportfolio ist ein *Leselernbegleiter. Ziel dieses Portfolios ist es, den Leselernprozess Ihres Kindes zu unterstützen und zu fördern.*

Im Folgenden möchte ich Sie kurz über Inhalte und Ziele des Leseportfolios informieren:

Ein Leseportfolio ist eine Sammlung der besten Arbeitsergebnisse Ihres Kindes im Bereich des Lesens, die es selbst ausgewählt hat. Sie zeigen die Stärken und Schwächen des Lesekönnens Ihres Kindes, vor allem aber auch seine Fortschritte.

Im Einzelnen dient das Leseportfolio folgenden Zwecken:

▶ Es begleitet und unterstützt den Leselernprozess Ihres Kindes.

▶ Es zeigt die Lesekompetenz, die Ihr Kind bereits erreicht hat.

▶ Ihr Kind kann seine eigene Lesekompetenz besser einschätzen.

▶ Es ermöglicht individuelle Fördermaßnahmen.

▶ Es dient als Anregung, außerschulische Lernorte und -mittel wie Bibliotheken, Internetdokumente, Buchausstellungen oder Autorenlesungen zu nutzen.

Die oben angeführten positiven Effekte können nur erreicht werden, wenn die Schüler(innen) sehr selbstständig und selbstverantwortlich arbeiten. Bitte unterstützen Sie Ihr Kind dabei, wenn es zu Hause an seinem Portfolio arbeitet.

Ich würde mich sehr freuen, Sie bei einem Elternabend am _____ begrüßen zu dürfen, um Sie dort noch genauer über das Leseportfolio zu informieren.

Mit freundlichen Grüßen

(Klassenlehrer/Klassenlehrerin)

_____

Liebe Eltern!

Im Laufe der nächsten Tage wird Ihr Sohn/Ihre Tochter erstmals das Leseportfolio mit nach Hause bringen, um Ihnen die ersten selbstständig ausgewählten Arbeiten vorzustellen.

Ich bitte Sie, sich für diese Vorstellung Zeit zu nehmen und die Arbeit Ihres Kindes entsprechend zu würdigen. Je größer die Wertschätzung, die Sie der schulischen Arbeit Ihres Kindes entgegen bringen, desto höher ist die Motivation Ihres Kindes, in Zukunft die Qualität der eigenen Arbeiten noch zu verbessern. Gleichzeitig lernt Ihr Kind, sich selbst und seine Arbeiten zu präsentieren, eine Fähigkeit, die ein wichtiges Handwerkszeug für das weitere Leben Ihres Kindes sein kann.

Nehmen Sie sich also Zeit und schenken Sie Ihrem Kind die volle Aufmerksamkeit.

▸ Geben Sie Ihrem Kind Rückmeldung (durch Ankreuzen auf der Vorderseite des Rückmelde-bogens oder auf Rückseite frei geschrieben) zur Qualität als auch zur Präsentation der Arbei-ten.

▸ Machen Sie Vorschläge, wie es die Arbeiten noch verbessern könnte.

▸ Besprechen Sie, wie weit die Ziele erreicht wurden.

Herzlichen Dank für Ihre Unterstützung!

(Klassenlehrer/Klassenlehrerin)

Handlungsbereiche bei der Portfolioarbeit

Präsentation

Klärung des Unterrichtskontextes

⬇

Sammlung der Lernbeweise

⬇

Auswahl ⬅➡ Reflexion

⬇

Vorschau

Präsentation

PORTFOLIOGESPRÄCH

▶▶ *16.2 Schwerpunktprofil*

Erstellt am: _____   von: _____

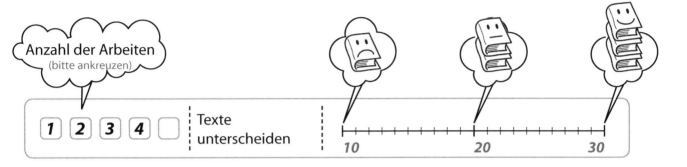

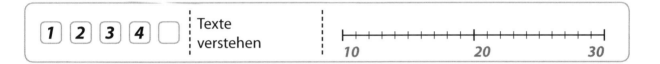

▶▶ 16.3 Gesamtbewertung

des Leseportfolios von: _____

durch: _____ für das Schuljahr: _____

	😊	😐	☹️	
1. Vereinbarte Anzahl der Arbeiten wird **erreicht**				**nicht erreicht**
2. Die Arbeiten entsprechen den vorgegebenen Standards und den vereinbarten Zielen **(fast) immer**				**(fast) nie**
3. Arbeiten zur Dokumentation persönlicher Ziele sind **enthalten**				**nicht enthalten**
4. Die Arbeiten sind richtig ein- bzw. zugeordnet **(fast) immer**				**(fast) nie**
5. Die Selbstreflexion ist aus der Sicht der Lehrperson **stark kriterienbezogen**				**wenig kriterienbezogen**
6. Die freie Reflexion ist **sehr aussagekräftig**				**wenig aussagekräftig**
7. Die Gestaltung der Arbeiten und des Portfolios ist **sorgfältig**				**nachlässig**
8. Fortschritte sind erkennbar im Schwerpunkt: **Texte unterscheiden**				
Texte verstehen				
Medien nutzen				
Über Texte nachdenken				

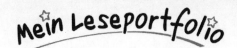
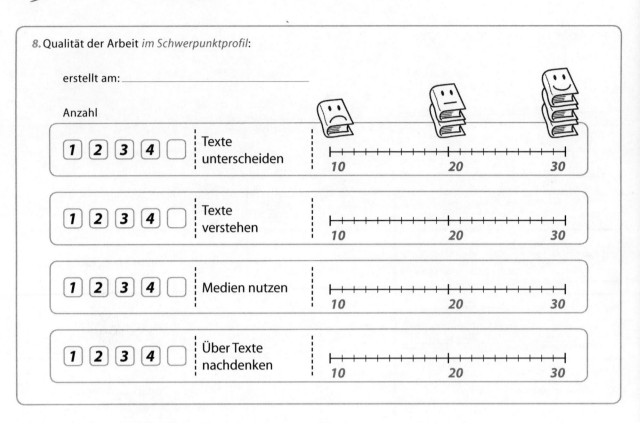

8. Qualität der Arbeit *im Schwerpunktprofil:*

erstellt am: _____

Anzahl

| 1 | 2 | 3 | 4 | | Texte unterscheiden

10   20   30

| 1 | 2 | 3 | 4 | | Texte verstehen

10   20   30

| 1 | 2 | 3 | 4 | | Medien nutzen

10   20   30

| 1 | 2 | 3 | 4 | | Über Texte nachdenken

10   20   30

▶ ▶ ▶   *Zusammenfassende Portfoliobewertung*

Astleitner u. a.: Mein Leseportfolio ab Klasse 7
© Brigg Pädagogik Verlag GmbH, Augsburg

Mein Leseportfolio

▶ Name: _____

BRIGG Pädagogik

Inhaltsverzeichnis

Gedruckt auf umweltbewusst gefertigtem, chlorfrei gebleichtem
und alterungsbeständigem Papier.

1. Auflage 2008
Nach den seit 2006 amtlich gültigen Regelungen der Rechtschreibung
© by Brigg Pädagogik Verlag GmbH, Augsburg
Alle Rechte vorbehalten.

Originalausgabe: Bildungsverlag Lemberger
A-1170 Wien www.lemberger.at

Grafiken: Klaus Pitter, Florian Frauendorfer

ISBN 978-3-87101-**404**-8 (Mappe komplett)
ISBN 978-3-87101-**426**-0 (Schülerteil, Einzelblock)

www.brigg-paedagogik.de

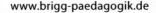

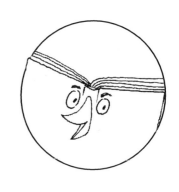

Mein Leseportfolio

▶ Das 1x1 der Leseportfolioarbeit

BRIGG Pädagogik

Mein Leseportfolio
Was ist das?

Künstler(innen), Fotograf(inn)en, Architekt(inn)en …, die sich in einem Museum, einer Galerie oder bei einem Wettbewerb vorstellen, bringen immer Mappen mit ihren besten Arbeiten mit. Damit zeigen sie, was sie können, wie sie sich entwickelt haben und was sie Neues ausprobieren.

In diesem Schuljahr beginnst auch du, deine besten Lesearbeiten in dieser Mappe, dem Leseportfolio, zu sammeln, um dir, deinen Eltern, deinen Lehrer(inne)n und Mitschüler(inne)n zu zeigen, was du liest, was in dir steckt, was du dazugelernt, wie sehr du dich verbessert hast.

Damit dein Leseportfolio unverwechselbar ist, kannst du selbst das Deckblatt gestalten, das du auch jederzeit auswechseln darfst.

 Wie arbeitest du mit deinem Leseportfolio?

Du als Leserin oder Leser bist in deinem Leseportfolio die Hauptperson. Damit man dich kennenlernen kann, stelle dich als Leser(in) vor:

▶ deine persönliche Lesegeschichte, dein erstes Buch ...

▶ deine Lesegewohnheiten

▶ Ziele, die du im Lesen erreichen willst

▶ deine Lesevorhaben

Als Anregung für deine Arbeit findest du hier eine Leserin und einen Leser mit ihren Gewohnheiten und Vorhaben, vorgestellt in zwei Büchern, die dir vielleicht auch gefallen würden.

Tim und sein Bruder Marthy werden von ihren Eltern dazu verdonnert, einen Teil der Sommerferien in der öffentlichen Bücherei zu verbringen. Dort herrscht die strenge Bibliothekarin Knolle Murphy, die die beiden auf einen Teppich in die Kinderbuchabteilung verbannt:

„Oh, wie war das langweilig! Mein Kopf fühlte sich an, als würde er gleich abfallen und über den Holzfuß-boden rollen. Ich versuchte alles, um mir die Zeit zu vertreiben. Ich sah mir Filme im Kopf an, ich folgte dem Muster auf meinem Teppichgefängnis, ich aß Papierstreifen aus den Büchern. Aber am meisten träumte ich einfach bloß von Freiheit.

Dann passierte eines Tages etwas Seltsames. Ich tat so, als würde ich ein Buch lesen, mit dem Titel „Finn McCool, der Riese von Irland". Da weckte etwas meine Aufmerksamkeit. Der erste Satz der Geschichte.

„Finn McCool", stand da, „war der größte Riese in Irland."

Der Satz hatte was. Er klang ... interessant. Ich beschloss, ein bisschen weiter zu lesen. Nicht das ganze Buch, nie im Leben. Aber vielleicht noch ein paar Sätze."

In: Eoin Colfer: Tim und das Geheimnis von Knolle Murphy. Beltz & Gelberg: Weinheim 2005 / Seite 55

Meggies Vater Mo ist Buchbinder und hat ein ganz besonderes Geheimnis. Gemeinsam erleben sie gefährliche Abenteuer. Vor Jahren hatte der Vater für Meggie eine Bücherkiste für ihre Lieblingsbücher gebaut, für all ihre Reisen:

„Mo hatte die Kiste rot lackiert, rot wie Klatschmohn, Meggies Lieblingsblume, deren Blüten sich so gut zwischen zwei Buchseiten pressen ließen und deren Stempel ein Sternmuster in die Haut drückten. Auf den Deckel hatte Mo mit wunderschönen, verschlungenen Buchstaben „Meggies Schatzkiste" geschrieben und innen war sie mit glänzend schwarzem Futtertaft ausgeschlagen. (...)

Ganz links steckten zwei Bilderbücher, mit denen sich Meggie das Lesen beigebracht hatte – fünf Jahre alt war sie damals gewesen, die Spur ihres unfassbar winzigen, wandernden Zeigefingers war immer noch auf den Seiten zu sehen – ganz unten, versteckt unter all den anderen, lagen die Bücher, die Meggie selbst gemacht hatte. Tagelang hatte sie an ihnen herumgeklebt und -geschnitten, hatte immer neue Bilder gemalt, unter die Mo schreiben musste, was darauf zu sehen war."

In: Cornelia Funke: Tintenherz. Dressler: Hamburg 2003 / Seite 24/25

Mein Leseportfolio

Nach dieser ersten Portfolioarbeit gibt es noch einiges andere zu tun, damit dein Portfolio deine persönliche Visitenkarte wird:

▶▶ **S**ammeln   ▶▶ **A**uswählen   ▶▶ **M**iteinander reden   ▶▶ **P**räsentieren

▶▶**S**ammeln:

Zuerst brauchst du viele Leseergebnisse - **„Beweismittel"** deines Lesens im Unterrichtund außerhalb des Unterrichts:

Lesetagebucheintragungen, Buchvorstellungen, Bericht über eine Autorenbegegnung oder eine Autorenlesung, deine persönliche Leseliste, Textzusammenfassungen und -bearbeitungen, Ergebnisse aus der Arbeit mit Sachtexten aus verschiedenen Unterrichtsfächern, Buchausstellungsprogramme, Zeichnungen, in denen du Gelesenes in Bildern ausdrückst usw.

Dies wird dir nicht schwerfallen, da du feststellen wirst, dass du jeden Tag sehr oft etwas liest und du alle deine Hobbys und Interessen mit einbeziehen kannst. Jedenfalls sind hier deiner Kreativität keine Grenzen gesetzt!

▶▶**A**uswählen:

Aus dieser Sammlung suchst du nun **deine besten Arbeiten** aus, die du in dein Leseportfolio einordnen willst. Arbeiten,

- ▶ die dich besonders interessiert haben,

- ▶ die dir sprachlich sehr gelungen sind,

- ▶ die etwas ganz Seltenes sind,

- ▶ auf die du stolz bist und

- ▶ die zeigen, dass du deine Ziele erreicht hast.

Dabei können dir auch Lehrer(innen), Mitschüler(innen) und Eltern helfen.

Damit auch deine Leser(innen) wissen, warum du gerade diese Arbeit ausgewählt hast, beschreibst du deine Überlegungen, deine Schwierigkeiten, deine weiteren Vorhaben ... auf der Vorderseite des Selbstreflexionsbogens durch Ankreuzen bzw. auf der Rückseite mit eigenen Worten. Vielleicht willst du auch beide Seiten benutzen. Auf den Selbstreflexionsbögen denkst du also über dein Lern- und Leseverhalten nach und bewertest deine Lesearbeit anhand deiner Ziele. Du siehst darin deine Fortschritte und was du noch verbessern kannst.

▶▶**M**iteinander reden

Sprich von Zeit zu Zeit mit deiner Lehrerin bzw. deinem Lehrer, deinen Eltern oder einer Freundin bzw. einem Freund über dein Portfolio. Frag sie, wie es ihnen gefällt, lass dir Tipps geben. Lade sie ein, dir die Rückmeldungen auch auf einen Rückmeldebogen zu schreiben, den du zu deiner Arbeit in das Portfolio einheften kannst. Umgekehrt schau auch du dir die Arbeiten deiner Freundinnen und Freunde an und gib ihnen ehrliche Rückmeldungen.

Mein Leseportfolio

Beachte:

▶ Höre deiner Gesprächspartnerin, deinem Gesprächspartner gut zu!

▶ Schaue sie an und sprich klar und verständlich!

▶ Gehe auf die Fragen deiner Gesprächspartner(innen) ein!

▶ Beschreibe, was du festgestellt hast, ohne zu werten!

▶ Bleib fair und freundlich!

▶ Nimm deine Gesprächspartner(innen) ernst!

▶ Nebengespräche, störende Bemerkungen und Ähnliches haben in eurem Gespräch keinen Platz!

▶ Das Gespräch kann – wenn nötig – zu Verbesserungsvorschlägen führen.

▶▶ Präsentieren

Arbeiten, die dir gelungen sind, willst du sicher auch anderen zeigen, ihnen davon erzählen. Überlege dir eine Präsentation und die dazu notwendigen Plakate, Folien, Powerpointpräsentation oder anderes.

Eine Hilfe zur Vorbereitung deiner Präsentation können deine Überlegungen zu „Was dir wichtig ist" auf den Selbstreflexionsbögen sein.

 Wegweiser durch dein Portfolio

Jeder Wanderer braucht **Wegweiser**, dein Portfolio braucht einen „Cover Letter", einen Brief an die Leser(innen), bevor du dein Portfolio für die abschließende Gesamtbewertung oder Rückmeldung abgibst. In diesem Brief beschreibst du, was die Leser(innen) über dein Portfolio wissen sollten, um dir faire Rückmeldungen geben zu können.

Jede Stadtführung braucht einen Stadtplan, dein Portfolio hat einen Leseplan. Dein **Leseplan** zeigt dir, wie viel du schon für dein Lesen getan hast, wo deine Schwerpunkte liegen, was dir noch fehlt.

Als Lese-Künstlerin, als Lese-Künstler wirst du stolz auf dein Portfolio sein!

▶ Das bin ich!

▶ ▶ Hier kannst du folgende Arbeiten einordnen:

Deine Vorstellung als Leserin oder Leser:

Jeder liest anders, andere Texte, an anderen Orten, zu anderen Zeiten ...
Überlege deine Lesegewohnheiten und stelle dich als Leser(in) vor:

▶ dein erstes Buch

▶ deine Lieblingsbücher

▶ dein Lieblingsleseort

▶ Wie hat sich dein Lesen verändert?

▶ Welche persönlichen Ziele nimmst du dir für dieses Schuljahr vor?

Für die Gestaltung deiner „Vorstellung" sind deiner Fantasie keine Grenzen gesetzt:
Zeichnung, Foto, Text, Collage, Powerpointpräsentation, Hörspiel ...

Arbeiten, die deine Lesemotivation und -gewohnheiten zeigen:

Der Selbstreflexionsbogen 1 „Lesemotivation und –gewohnheiten" (Seite 15) hilft dir,

▶ deine Lesegewohnheiten festzustellen,

▶ deine Stärken mit besonderen Arbeiten in diesem Teil zu zeigen (dokumentieren) und

▶ deine Schwächen zu verbessern.

Briefe an deine Leser(innen):

Schreibe deinen Leser(inne)n (Lehrperson, Eltern, Schüler(inne)n, Gesprächspartner(inne)n in Vorstellungs-
oder Aufnahmegesprächen) einen Brief, bevor du dein Portfolio für eine Gesamtbewertung oder Rückmeldung abgibst. In diesem Brief beschreibst du, was die Leser(innen) über dein Portfolio wissen sollten,
um dir faire Rückmeldungen geben zu können.

Mein Leseportfolio

Liste deiner eingeordneten Arbeiten

	Titel	Eingeordnet am:	Ausgewechselt am:
1.			
2.			
3.			
4.			
5.			
6.			
7.			
8.			
9.			
10.			
11.			
12.			
13.			
14.			
15.			
16.			

Astleitner u. a.: Mein Leseportfolio ab Klasse 7
© Brigg Pädagogik Verlag GmbH, Augsburg

▶▶ Das bin ich!
Kopiervorlage

Mein Leseportfolio

Mein Leseportfolio

Schuljahr: _____

Kopiervorlage

▶▶ Meine Aufgabe war:

🖉 _____

Lesemotivation & -gewohnheiten		😊	😐	🙁
Mögliche Ziele	1. Ich finde Zeit zum Lesen.			
	2. Ich lese regelmäßig.			
	3. Ich lese freiwillig.			
	4. Lesen interessiert mich.			
	5. Ich lese, wenn möglich, an einem Ort, an dem ich ungestört bin.			
	6. Ich spreche gern mit anderen über das Gelesene.			
	7. Ich wähle meine Lesetexte gezielt aus.			
	8. Ich bevorzuge andere Sachtexte.			
	9. Ich bevorzuge andere Texte.			
	10. Ich nutze regelmäßig eine Bibliothek.			
	11. Wenn ich etwas wissen will, schlage ich nach (z. B. in einem Lexikon, in einem Wörterbuch).			
Vereinbarte Ziele				
Persönliche Ziele				

Astleitner u. a.: Mein Leseportfolio ab Klasse 7
© Brigg Pädagogik Verlag GmbH, Augsburg

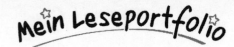 **Mein Leseportfolio**

Schuljahr: _____

Kopiervorlage

 Meine Aufgabe war:

 _____

▶▶ Was mir wichtig ist:

Warum habe ich diese Arbeit in mein Portfolio aufgenommen?

Was ist mir besonders gut gelungen? Warum?

Was ist mir schwergefallen? Warum?

Was ist mir sonst noch wichtig?

Astleitner u. a.: Mein Leseportfolio ab Klasse 7
© Brigg Pädagogik Verlag GmbH, Augsburg

Rückmeldung von: _____

▶▶ *Meine Aufgabe war:*

_____

	Du …	😊	😐	😞
Lesemotivation & -gewohnheiten	1. … bemühst dich, Zeit zum Lesen zu finden.			
	2. … liest regelmäßig.			
	3. … liest freiwillig.			
	4. … zeigst Interesse für das Lesen.			
Mögliche Ziele	5. … suchst zum Lesen, wenn möglich, einen Ort, an dem du ungestört bist.			
	6. … sprichst mit anderen über das Gelesene.			
	7. … bist darauf bedacht, deine Lesetexte gezielt auszuwählen.			
	8. … bevorzugst Sachtexte.			
	9. … bevorzugst andere Texte.			
	10. … nutzt regelmäßig eine Bibliothek.			
	11. … nutzt Informationsmedien (z. B. ein Lexikon, ein Wörterbuch), wenn du etwas wissen willst.			
Vereinbarte Ziele				
Persönliche Ziele				

Rückmeldung von: _____

▶▶Anmerkungen

▶ Texte unterscheiden

▶▶ Hier kannst du folgende Arbeiten einordnen:

Wie du sicher schon festgestellt hast, gibt es viele verschiedene Arten von Texten in Büchern, in Zeitungen, im Internet ...

In diesem Teil ordnest du deine ausgewählten Arbeiten ein, die zeigen, dass du möglichst viele verschiedene Textsorten (Märchen, Sage, Brief, Zeitungsbericht ...)

▶ unterscheiden,

▶ den Aufbau durchschauen und

▶ die Absicht erkennen

kannst.

Astleitner u. a.: Mein Leseportfolio ab Klasse 7
© Brigg Pädagogik Verlag GmbH, Augsburg

Mein Leseportfolio

Liste deiner eingeordneten Arbeiten

	Titel	Eingeordnet am:	Ausgewechselt am:
1.			
2.			
3.			
4.			
5.			
6.			
7.			
8.			
9.			
10.			
11.			
12.			
13.			
14.			
15.			
16.			

Astleitner u. a.: Mein Leseportfolio ab Klasse 7
© Brigg Pädagogik Verlag GmbH, Augsburg

Mein Leseportfolio

Schuljahr: _____

Kopiervorlage

▶▶ *Meine Aufgabe war:*

✎ _____

Überlege, welche der vereinbarten und persönlichen Ziele zu deiner Aufgabe passen!
Schätze ein, wie gut du diese in deiner Arbeit erfüllt hast!
Vielleicht passt auch eines der möglichen Ziele.

	Ich kann …			
Texte unterscheiden	1. … Unterhaltungstexte von Sachtexten unterscheiden.			
	2. … die Merkmale eines Märchens (einer Sage, eines Gedichtes …) beschreiben.			
	3. … Fahrpläne (Tabellen, Diagramme …) lesen und die Information für mich nutzen.			
	4. … Texte gliedern (unterstreichen, Zwischenüberschriften finden, markieren …).			
Vereinbarte Ziele				
Persönliche Ziele				

Mein Leseportfolio

Schuljahr: _____ Kopiervorlage

Meine Aufgabe war:

_____

▶▶ Was mir wichtig ist:

Warum habe ich diese Arbeit in mein Portfolio aufgenommen?

Was ist mir besonders gut gelungen? Warum?

Was ist mir schwergefallen? Warum?

Was ist mir sonst noch wichtig?

Mein Leseportfolio

Rückmeldung von: _____

Kopiervorlage

▶▶ *Meine Aufgabe war:*

_____

_____

Texte unterscheiden	Du kannst …	😊	😐	☹
	1. … Unterhaltungstexte von Sachtexten unterscheiden.			
	2. … die Merkmale eines Märchens (einer Sage, eines Gedichtes …) beschreiben.			
	3. … Fahrpläne (Tabellen, Diagramme …) lesen und die Information für dich nutzen.			
	4. … Texte gliedern (unterstreichen, Zwischenüberschriften finden, markieren …).			
Vereinbarte Ziele				
Persönliche Ziele				

Rückmeldung von: _____

▶▶ Anmerkungen

▶ Texte verstehen

▶▶ Hier kannst du folgende Arbeiten einordnen:

Um einen Text zu verstehen, benutzt du Strategien (Werkzeuge): z. B. Fragen stellen, die Bedeutung von Wörtern klären, sich einen Überblick verschaffen.

In diesem Teil ordnest du deine ausgewählten Arbeiten ein, die zeigen,

▶ wie du die neuen Inhalte mit deinem Wissen verbindest,

▶ wie du das Hauptthema und die Kernaussagen eines Textes herausfindest,

▶ wie du mithilfe des Textes unbekannte Wörter klärst und

▶ sie im Wörterbuch und am Computer nachschlagen kannst,

▶ wie du Informationen aus verschiedenen Texten vergleichst und prüfst, wie sie zusammenpassen.

Mein Leseportfolio

Texte verstehen ▶ ▶

Liste deiner eingeordneten Arbeiten

	Titel	Eingeordnet am:	Ausgewechselt am:
1.			
2.			
3.			
4.			
5.			
6.			
7.			
8.			
9.			
10.			
11.			
12.			
13.			
14.			
15.			
16.			

Astleitner u. a.: Mein Leseportfolio ab Klasse 7
© Brigg Pädagogik Verlag GmbH, Augsburg

Schuljahr: _____   Kopiervorlage

▶▶ *Meine Aufgabe war:*

🖉 _____

Überlege, welche der vereinbarten und persönlichen Ziele zu deiner Aufgabe passen!
Schätze ein, wie gut du diese in deiner Arbeit erfüllt hast!
Vielleicht passt auch eines der möglichen Ziele.

	Ich kann …	😊	😐	☹
Texte verstehen	1. … die gelesenen Inhalte mit meinem Wissen verbinden, um sie besser zu verstehen.			
	2. … in einem Text das Hauptthema und die Kernaussagen herausfinden.			
	3. … unbekannte Wörter mithilfe des Textes klären.			
	4. … Wörter, die ich nicht kenne, im Wörterbuch und am Computer nachschlagen.			
	5. … Informationen aus verschiedenen Texten und Medien vergleichen und prüfen, wie sie zusammenpassen.			
Vereinbarte Ziele				
Persönliche Ziele				

Mein Leseportfolio

Schuljahr: _____

  Meine Aufgabe war:

▶▶ Was mir wichtig ist:

Warum habe ich diese Arbeit in mein Portfolio aufgenommen?

Was ist mir besonders gut gelungen? Warum?

Was ist mir schwergefallen? Warum?

Was ist mir sonst noch wichtig?

Astleitner u. a.: Mein Leseportfolio ab Klasse 7
© Brigg Pädagogik Verlag GmbH, Augsburg

Rückmeldung von: _____

▶▶ *Meine Aufgabe war:*

_____

_____

	Du kannst …	😊	😐	☹
Texte verstehen	1. … die gelesenen Inhalte mit deinem Wissen verbinden, um sie besser zu verstehen.			
	2. … in einem Text das Hauptthema und die Kernaussagen herausfinden.			
	3. … unbekannte Wörter mithilfe des Textes klären.			
	4. … Wörter, die du nicht kennst, im Wörterbuch und am Computer nachschlagen.			
	5. … Informationen aus verschiedenen Texten und Medien vergleichen und prüfen, wie sie zusammenpassen.			
Vereinbarte Ziele				
Persönliche Ziele				

Rückmeldung von: _____

Kopiervorlage

▶▶Anmerkungen

Mein Leseportfolio

Liste deiner eingeordneten Arbeiten

	Titel	Eingeordnet am:	Ausgewechselt am:
1.			
2.			
3.			
4.			
5.			
6.			
7.			
8.			
9.			
10.			
11.			
12.			
13.			
14.			
15.			
16.			

Astleitner u. a.: Mein Leseportfolio ab Klasse 7
© Brigg Pädagogik Verlag GmbH, Augsburg

Mein Leseportfolio

Schuljahr: _____

Kopiervorlage

▶▶ *Meine Aufgabe war:*

🖉 _____

_____

Überlege, welche der vereinbarten und persönlichen Ziele zu deiner Aufgabe passen!
Schätze ein, wie gut du diese in deiner Arbeit erfüllt hast!
Vielleicht passt auch eines der möglichen Ziele.

	Ich kann …	😊	😐	☹
Medien nutzen	1. … in verschiedenen Medien (Internet, Lexika …) Informationen suchen.			
	2. … die gefundenen Informationen für meine Arbeit nutzen.			
	3. … zeigen, welche Rolle die Medien in meinem Leben spielen (Berichte von Autorenlesungen, Kino-, Theater- und Ausstellungsbesuchen, Fernseh- und Radiosendungen …).			
	4. … mich in einer Bibliothek selbstständig zurechtfinden sowie sie für meine Unterhaltung und Arbeit nutzen (Lesespaß, Bibliotheksplan …).			
Vereinbarte Ziele				
Persönliche Ziele				

Mein Leseportfolio

Schuljahr: _____

Meine Aufgabe war:

_____

▶▶ Was mir wichtig ist:

Warum habe ich diese Arbeit in mein Portfolio aufgenommen?

Was ist mir besonders gut gelungen? Warum?

Was ist mir schwergefallen? Warum?

Was ist mir sonst noch wichtig?

Astleitner u. a.: Mein Leseportfolio ab Klasse 7
© Brigg Pädagogik Verlag GmbH, Augsburg

Rückmeldung von: _____

▶▶ Meine Aufgabe war:

✎ _____

_____

_____

	Du kannst …	😊	😐	☹
Medien nutzen	1. … in verschiedenen Medien (Internet, Lexika …) Informationen suchen.			
	2. … die gefundenen Informationen für deine Arbeit nutzen.			
	3. … zeigen, welche Rolle die Medien in deinem Leben spielen (Berichte von Autorenlesungen, Kino-, Theater- und Ausstellungsbesuchen, Fernseh- und Radiosendungen …).			
	4. … dich in einer Bibliothek selbstständig zurechtfinden sowie sie für deine Unterhaltung und Arbeit nutzen (Lesespaß, Bibliotheksplan …).			
Vereinbarte Ziele				
Persönliche Ziele				

Mein Leseportfolio

Rückmeldung von: _____

 ▶▶ Anmerkungen

Astleitner u. a.: Mein Leseportfolio ab Klasse 7
© Brigg Pädagogik Verlag GmbH, Augsburg

▶ Über Texte nachdenken

▶▶Hier kannst du folgende Arbeiten einordnen:

Texte regen zum Nachdenken an: Was empfindest du beim Lesen? Was fällt dir ein? Erinnerungen, Geräusche, Gerüche, Bilder ... Was denkst du darüber? Was steht zwischen den Zeilen?

In diesen Teil ordnest du deine ausgewählten Arbeiten ein, die zeigen, dass du wie ein „Detektiv" herausgefunden hast,

▶ was der Text meint,

▶ was er bei dir und anderen bewirkt und

▶ wie und warum er dir gefällt.

Über Texte nachdenken

Mein Leseportfolio

Liste deiner eingeordneten Arbeiten

	Titel	Eingeordnet am:	Ausgewechselt am:
1.			
2.			
3.			
4.			
5.			
6.			
7.			
8.			
9.			
10.			
11.			
12.			
13.			
14.			
15.			
16.			

Astleitner u. a.: Mein Leseportfolio ab Klasse 7
© Brigg Pädagogik Verlag GmbH, Augsburg

Mein Leseportfolio 5

Schuljahr: _____   Kopiervorlage

▶▶ *Meine Aufgabe war:*

🖉 _____

Überlege, welche der vereinbarten und persönlichen Ziele zu deiner Aufgabe passen!
Schätze ein, wie gut du diese in deiner Arbeit erfüllt hast!
Vielleicht passt auch eines der möglichen Ziele.

Über Texte nachdenken

Vereinbarte Ziele

Persönliche Ziele

Ich kann …	😊	😐	☹
1. … die Absicht des Textes beschreiben.			
2. … die Aussage und Wirkung des Textes herausfinden.			
3. … mir eine eigene Meinung zum Text (einer Person oder bestimmten Sache im Text …) bilden und diese begründen.			

Astleitner u. a.: Mein Leseportfolio ab Klasse 7
© Brigg Pädagogik Verlag GmbH, Augsburg

Schuljahr: _____

 Meine Aufgabe war:

 _____

▶▶Was mir wichtig ist:

Warum habe ich diese Arbeit in mein Portfolio aufgenommen?

Was ist mir besonders gut gelungen? Warum?

Was ist mir schwergefallen? Warum?

Was ist mir sonst noch wichtig?

Mein Leseportfolio

Rückmeldung von: _____

▶▶ *Meine Aufgabe war:*

✏ _____

_____

_____

Über Texte nachdenken

Du kannst …	😊	😐	😞
1. … die Absicht des Textes beschreiben.			
2. … die Aussage und Wirkung des Textes herausfinden.			
3. … dir eine eigene Meinung zum Text (einer Person oder bestimmten Sache im Text …) bilden und diese begründen.			

Vereinbarte Ziele

Persönliche Ziele

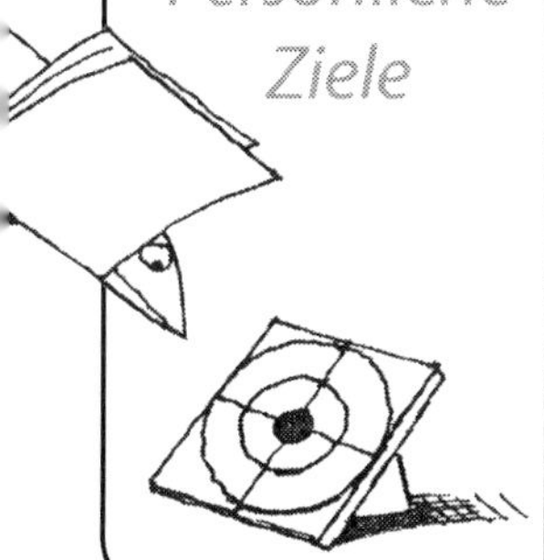

Rückmeldung von: _____

▶▶ Anmerkungen

Astleitner u. a.: Mein Leseportfolio ab Klasse 7
© Brigg Pädagogik Verlag GmbH, Augsburg

▶ Schwerpunktprofil

▶▶ Hier kannst du folgende Arbeiten einordnen:

▷ Texte unterscheiden,

▷ Texte verstehen,

▷ Medien nutzen und

▷ über Texte nachdenken
sind nicht nur die Teile deines Portfolios, sondern auch wichtige Schwerpunkte auf dem Weg zur Leseexpertin bzw. zum Leseexperten.

Wenn du dir dein Schwerpunktprofil ausrechnest, zeigt es dir, wie gut du schon liest!

Dazu brauchst du deine Selbstreflexionsbögen. Jede deiner Einschätzungen auf einem Selbstreflexionsbogen bringt dir Punkte. Schreibe sie zu deinen angekreuzten Symbolen dazu:

10 Punkte   20 Punkte   30 Punkte

▷ Addiere alle Punkte eines Schwerpunkts!

▷ Errechne den Durchschnitt (Summe dividiert durch die Anzahl der Symbole)!

▷ Trage den Durchschnittswert auf der Skala im Schwerpunktprofil ein!

▷ Kreuze an, wie viele Arbeiten du zu diesem Schwerpunkt eingeordnet hast!

1 2 3 4 ◯ | Texte unterscheiden   10   20   30

Schwerpunktprofil

Mein Leseportfolio

	Liste deiner eingeordneten Arbeiten		
	Titel	**Eingeordnet am:**	**Ausgewechselt am:**
1.			
2.			
3.			
4.			
5.			
6.			
7.			
8.			
9.			
10.			
11.			
12.			
13.			
14.			
15.			
16.			

Astleitner u. a.: Mein Leseportfolio ab Klasse 7
© Brigg Pädagogik Verlag GmbH, Augsburg

Erstellt am: _____   Kopiervorlage

▶ Mein Schwerpunktprofil

Anzahl der Arbeiten
(bitte ankreuzen)

[1] [2] [3] [4] [ ]   Texte unterscheiden

10   20   30

[1] [2] [3] [4] [ ]   Texte verstehen

10   20   30

[1] [2] [3] [4] [ ]   Medien nutzen

10   20   30

[1] [2] [3] [4] [ ]   Über Texte nachdenken

10   20   30

Mein Leseportfolio

Erstellt am: _____

▶ *Mein Schwerpunktprofil*

Anzahl der Arbeiten
(bitte ankreuzen)

| 1 | 2 | 3 | 4 | ☐ | Texte unterscheiden | | 10 — 20 — 30 |

| 1 | 2 | 3 | 4 | ☐ | Texte verstehen | | 10 — 20 — 30 |

| 1 | 2 | 3 | 4 | ☐ | Medien nutzen | | 10 — 20 — 30 |

| 1 | 2 | 3 | 4 | ☐ | Über Texte nachdenken | | 10 — 20 — 30 |

Mein Leseportfolio

▶ Leseliste

▶▶ Deine Leseliste zeigt dir, wie viele Bücher du schon gelesen hast!

Mein Leseportfolio

Leseliste von: _____ im Schuljahr: _____ Kopiervorlage

▶ Meine Leseliste

Persönliche Bewertung					
Ausgelesen am:					
Umfang					
Ort, Verlag, Erscheinungsjahr					
Titel					
Autor(in)					
Nr.					

Mein Leseportfolio

| Leseliste von: _____ | im Schuljahr: _____ | Kopiervorlage |

▶ Meine Leseliste

Persönliche Bewertung	Ausgelesen am:	Umfang	Ort, Verlag, Erscheinungsjahr	Titel	Autor(in)	Nr.

Astleitner u. a.: Mein Leseportfolio ab Klasse 7
© Brigg Pädagogik Verlag GmbH, Augsburg

 *Mein Leseplan*

Kopiervorlage

Dieser Leseplan gibt dir einen Überblick über deinen ganz persönlichen Leseweg.

Du siehst,

▶ wo du schon viel gearbeitet hast,

▶ wo dir noch etwas fehlt,

▶ wo du noch etwas arbeiten sollst …

Trage zu den einzelnen Schwerpunkten (sie entsprechen den Teilen in deinem Portfolio) die Titel deiner eingeordneten Arbeiten mit dem Erstellungsdatum ein (z. B. 15.10.2006: Astrid Lindgren, Ronja Räubertochter, Buchvorstellung).

Der Leseplan wächst mit deinem Lesen – vielleicht entdeckst du während deiner Reisen durch deine Lesewelt die Geheimnisse der Texte, siehst neue Zusammenhänge zwischen den Schwerpunkten oder findest für dich ganz neue „Leseschätze", neue Sichtweisen …

▶ Texte unterscheiden

Datum/Titel	Datum/Titel	Datum/Titel
Datum/Titel	Datum/Titel	Datum/Titel
Datum/Titel	Datum/Titel	Datum/Titel
Datum/Titel	Datum/Titel	Datum/Titel

▶ Medien nutzen

Datum/Titel	Datum/Titel	Datum/Titel
Datum/Titel	Datum/Titel	Datum/Titel
Datum/Titel	Datum/Titel	Datum/Titel
Datum/Titel	Datum/Titel	Datum/Titel

Astleitner u. a.: Mein Leseportfolio ab Klasse 7
© Brigg Pädagogik Verlag GmbH, Augsburg

  # Texte verstehen

Datum/Titel	Datum/Titel	Datum/Titel
Datum/Titel	Datum/Titel	Datum/Titel
Datum/Titel	Datum/Titel	Datum/Titel
Datum/Titel	Datum/Titel	Datum/Titel

 # Über Texte nachdenken

Datum/Titel	Datum/Titel	Datum/Titel
Datum/Titel	Datum/Titel	Datum/Titel
Datum/Titel	Datum/Titel	Datum/Titel
Datum/Titel	Datum/Titel	Datum/Titel

Astleitner u. a.: Mein Leseportfolio ab Klasse 7
© Brigg Pädagogik Verlag GmbH, Augsburg

▶ Medien nutzen

▷▷Hier kannst du folgende Arbeiten einordnen:

Dir begegnen täglich viele verschiedene Medien wie Zeitungen, Bücher, Internet, SMS, Fernsehen, Radio ...

In diesen Teil ordnest du deine ausgewählten Arbeiten ein, die zeigen,

▷ wie du diese Medien verwendest,

▷ wie du zu einem Thema oder einer Aufgabe selbstständig in der Bibliothek oder im Internet passende Informationen findest und

▷ sie für deine Unterhaltung und Arbeit nutzt.